U0929085

规划悦读40天

让男孩最优秀的杰出政治家故事

编著◎张　静

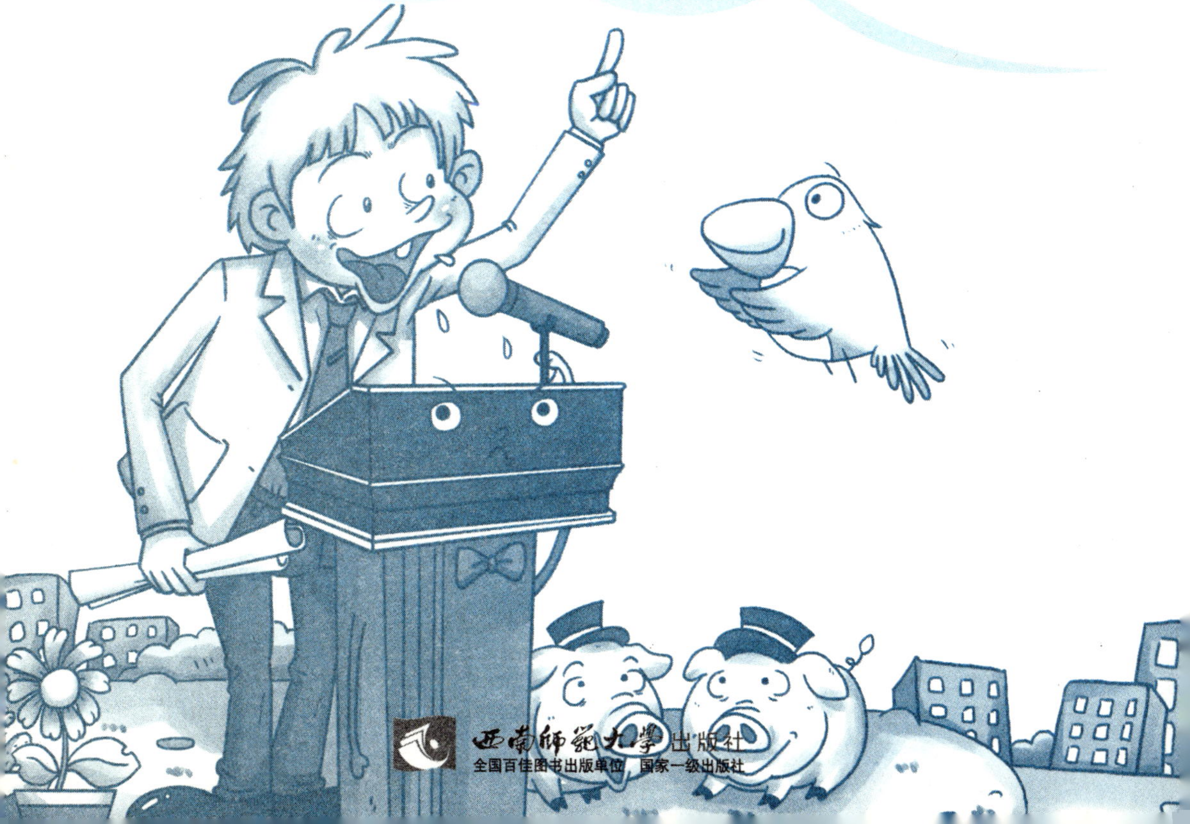

西南师范大学出版社
全国百佳图书出版单位　国家一级出版社

图书在版编目（CIP）数据

规划悦读40天：让男孩最优秀的杰出政治家故事／张静编著．—重庆：西南师范大学出版社，2013.2

（规划·悦读）

ISBN 978-7-5621-5685-7

Ⅰ．①让… Ⅱ．①张… Ⅲ．①政治家－生平事迹－世界－青年读物②政治家－生平事迹－世界－少年读物 Ⅳ．①K817-49

中国版本图书馆CIP数据核字(2013)第022729号

规划悦读40天：
让男孩最优秀的杰出政治家故事
RANG NANHAI ZUIYOUXIU DE JIECHUZHENGZHIJIA GUSHI

张 静 编著

责任编辑： 任志林 陈 龙
内文插图： 齐方源
封面插画： 绘扬天下
封面设计： 红十月工作室
出版发行： 西南师范大学出版社
地址：重庆市北碚区天生路2号
邮编：400715 市场营销部电话：023-68253705
http://www.xscbs.com/
经　　销： 新华书店
印　　刷： 九洲财鑫印刷有限公司
开　　本： 787mm×1092mm 1/16
印　　张： 11.75
字　　数： 166千字
版　　次： 2013年2月 第1版
印　　次： 2013年2月 第1次印刷
书　　号： ISBN 978-7-5621-5685-7

定　　价： 24.00元

阅读计划表

阅读主题1：
宏伟的目标成就惊天的伟业 / 001

阅读主题2：
拥有高尚的品德 / 017

阅读主题6：

专注地做好每一件事 / 069

阅读主题7：

让自己成为顾全大局的人 / 077

阅读主题8：
善于沟通方能走向辉煌 / 095

阅读主题9：
树立正确的金钱观 / 115

阅读主题10：
从小培养优雅气质 / 129

阅读主题11：
加强自我调控能力的培养 / 149

阅读主题12：
改掉拖延的坏习惯 / 167

年　　月　　日

跟我来阅读

阅读主题1：宏伟的目标成就惊天的伟业

对于只盲目航行的船来说，所有的风都是逆风。知道该走向哪里，你才会知道怎样走向那里。这一站你将走向哪里，决定了你未来的人生之船将驶向何方。没有目标与方向，你可能永远在十字路口左右徘徊，总是在选择，也总是在放弃，然后慢慢地让青春白白流逝。

第1天：安德鲁·杰克逊

宏伟的目标，就是推动世界进步的手

一天，有个名叫安德鲁·杰克逊的小男孩正在表兄家玩耍时，突然闯进来了一队英军。

“过来，小家伙！”英国军官高声吆喝道，“把我的皮靴擦干净！”

“不！”小男孩怒目圆睁，盯着那位英国军官，回答道。

英国军官大怒，抽出军刀向小男孩狠狠地砍去——鲜血便顺着他那瘦弱的背部渗出，染红了白色的衬衫……

“不擦就是不擦，因为你不配！”小男孩双拳紧握

人物博览馆

安德鲁·杰克逊：美国第七任总统（1829～1837）。佛罗里达州州长、新奥尔良之役英雄、民主党创建者之一，杰克逊式民主因他而得名。杰克逊是美国最杰出的10位总统之一。

着，一副要拼命的架势，大声地回敬道，“我现在虽然是你的俘虏，但我将来一定比你强大一万倍！”

英国军官无奈地看着这个倔强的小男孩，心头泛起了一阵寒意。但为了找回自己作为胜利者的尊严，他强令男孩随着部队进行40英里的急行军——赶到位于南卡罗莱纳州的战俘营。

小男孩身上的伤口在剧烈的奔跑中钻心地痛，汗水顺着头顶往下流，和着血水洒了一路，口干舌燥的他却没有喝一口水的权利。

战俘营里，俘虏们每天只能靠一点点霉变的面包度日。圣诞节到来的时候，每个战俘的心头都蒙着一层沮丧的阴云——思恋家乡，渴望与亲人团聚的情绪如潮水般袭来。

忽然，一阵悠扬欢快的歌声传来：它似一缕晶莹如玉的月光，洒向了战俘们灰暗的心头；它似一阵催人奋发的号角，激起了战俘们消沉的斗志；它似一壶醇香的美酒，化解了战俘们的万般乡愁；它似一轮红日，照亮了战俘们的希望！

战俘们欢快地围拢过来，众星捧月般地将“山核桃”（因小男孩表现坚强而被同伴起的绰号）围在中心。

“朋友们！不要消沉，洒满阳光的明天还要等着我们去创造呢！今天是圣诞节，让我们快乐起来，为美好的明天放声高唱吧，因为明天的胜利一定会属于我们！”“山核桃”大声地说道。

战俘们惊奇了，小小年纪的他怎么会有如此坚强的意志？

一个被他的激情感染的人问道：“孩子，告诉我，你为什么比我们这些大人还要坚强呢？”

“书上不是经常说‘你的志向应该是为成千上万人的幸福而奋斗，所以不要太在意现在过得怎么样’吗！因此我要好好地活下去，只有这样将来我才能为成千上万的人服务呀！”“山核桃”很认真地回答道。

“为成千上万人的幸福而奋斗”——这是多么宏伟的目标！

正是这个目标，始终激励着“山核桃”。它像一只有力的大手，推着他前进，前进，前进！最终使他成为美国历史上的第7任总统。

安德鲁·杰克逊以他宏伟的目标和志向，不但推动了美国历史的前进，更推动了世界历史的发展！

如果你希望自己也成为一位推动世界发展的杰出人物，那么你就必须意识到从小树立远大、宏伟目标的重要性！

对于你来说，可以缺少良好的家庭环境，可以存在各种缺点，可以承受各种压力，但唯独不可缺少的就是远大的目标。

唯有从现在起就为自己确立正确的矢志不移的人生目标，你才会迎着正确的方向乘风破浪、勇往直前！

同时，千万不要害怕自己设立的目标太远大或距离太遥远。你要知道，再难再远的路，也害怕一双勤奋的双脚，而这，正是你不缺少的！

每个人都期望自己有一个辉煌的未来，而你走向这一辉煌的起点正掌握在你自己的手中——在父母的指导下确立明确的人生目标！

阅读小感悟

宏伟的目标，就是推动世界进步的手；宏伟的目标，就是你一生得以前进的动力和指路的明灯！

如果你不能确立一个明确的目标，你就会像一只没有头的苍蝇一样，四处碰壁，手足无措。航行在你的人生海洋中的小船或只会在原地打转，或穷尽你一生的力量也驶不进灿烂的阳光中！

年　　月　　日

第2天：亚伯拉罕·林肯

拥有确立目标的勇气

有的时候，你可能也很想把目标确立得远大一些，可是，面对那个似乎难以达到的目标，你往往会缺少肯定它的勇气："哦，简直太不可思议了！我能行吗？"

孩子，如果你真的缺乏这种确立目标的勇气，那你的人生将会碌碌无为，你将因此而错过很多难得的机遇，你将与自己的梦想南辕北辙，渐行渐远。

无论是谁，都应该拥有确立目标的勇气。对于正在成长中的你来说，勇气更是不容忽视的成长助力，它将推动着你一步步向着远大的目标迈进。

林肯的父亲在西雅图买下了一个农场。因为那个农场里有许多石头，所以林肯的父亲才能以较低的价格买下它。

有一天，母亲建议把农场里的石头搬走。

父亲却说："如果可以搬走的话，农场原来的主人就不会将它卖给我们了。它们是一座座小山头，都与大山连着。"于是，这些妨碍他们劳作的石头继续留在了那儿。

一天，父亲去城里买马，母亲带着林肯和他的兄弟姐妹在农场劳动。面对碍事的石头，母亲再次提议："让我们把这些碍事的东西搬走，好吗？"

林肯说："妈妈，这些石头像小山似的，爸爸都说没法搬，我们几个人更搬不动了！”

母亲抚摸着林肯的额头说：“孩子，有些事情人们之所以不去做，只是因为他们认为不可能做到。而许多不可能，其实只存在于人的想象之中。只要有勇气去做，很多想法都是可以实现的！”

在母亲的鼓励下，他们开始挖石头。它们并不像林肯父亲想象的那样是连着山头的，而是一块块孤零零的石块，只要往下挖一英尺，就可以晃动它们。

看着晃动的石头，孩子们都兴奋起来。

母亲高兴地说：“孩子们，看见了吧，石头是可以搬走的！以后在做其他事情的时候，也希望你们像面对这些石头一样，不要轻易地说自己不行。勇于尝试，才可以改变现状。这就好比人生中的远大抱负和宏伟目标，它看起来似乎可望而不可即，但只要你坚持不懈地向它迈进，目标就会离我们越来越近！”

林肯一边晃动着石头，一边激动地说：“妈妈，我明白了！不是我们搬不动这些石头，而是我们根本不敢下定搬动这些石头的决心！”

用了不长时间，大家就把那些看似山头一样的石头都搬走了。

这件事对林肯的影响非常大，以至于影响了他整整一生，甚至决定了《解放黑人奴隶宣言》的签署和颁布。

1865年，美国南北战争结束。一位叫马维尔的记者去采访林肯，他们有这么一段对话：

马维尔：“据我所知，上两届总统都曾想过废除黑奴制，《解放黑人奴隶宣言》也早在他们那个时期就已

人物博览馆

亚伯拉罕·林肯：美国第16任总统（1861～1865）。他领导了美国南北战争，颁布了《解放黑人奴隶宣言》，维护了美联邦的统一，为美国在19世纪跃居世界头号工业强国开辟了道路，使美国进入了经济发展的黄金时代，被称为“伟大的解放者”。内战结束后不久，林肯遇刺身亡。他是第一个遭到刺杀的美国总统。美国于2005年举办的“最伟大的美国人”票选活动中，林肯被选为美国最伟大人物的第二位。

阅读小感悟

勇气，有时候比才智更重要。缺乏勇气的人，其才智也常常被湮没，而勇气却能激发出你难以想象的潜能。

目标就在前方，孩子，拿出你的勇气和执着吧，让自己成为一个如林肯一般坚定地向目标迈进的青少年吧！

草就，可是他们都没拿起笔签署它。请问总统先生，他们是不是想把这一伟业留下来，让您去成就英名呢？”

林肯微微一笑，平静地回答道：“可能有这个意思吧。不过，如果他们知道拿起笔需要的仅是一点点勇气，我想他们一定非常懊丧！”

马维尔还没来得及进一步提出疑问，林肯的马车已经出发了。因此，他一直都没弄明白林肯的这句话到底是什么意思。

1914年，直到林肯去世将近50年后，马维尔才在林肯致朋友的一封信中找到了答案。

在信里，林肯谈到了他少年时前面所提到的那段经历，并且在信的末尾写道：“我原本是个连一块石头都不敢去移动的人。如果没有母亲那次对我的教育，我不可能确立我这一生的目标，不可能拥有如此勇气，更不可能成为美国的总统！”

林肯从小就通过母亲的帮助勇敢地确立了自己的人生目标，这使他在辉煌的一生中受益匪浅——成为美国历史上最伟大的总统之一。

年　　月　　日

第3天：林登·约翰逊、本杰明·哈里森

绝不偏离航线

宏伟的目标犹如航线的终点，需要经过长时间的航行才能到达。就像哥伦布，要达到成功的彼岸，不经过艰难的探索是绝不可能的。但正因为你的航线很长很长，所以要想成功，就不能偏离航线！

人的一生中总会遇到很多艰难困苦和各种各样的干扰因素，这些都会影响到你前进的方向和速度。如果你在人生的汪洋中迷失了，你的努力就很可能会偏离正确的航线，直至南辕北辙，走上歧途。

如何避免在前进的过程中偏离航线呢？

当察觉自己有了些微出格行为时，你应该及时地与父母进行沟通，请他们给予你适当的指导，不要因为那只是微不足道的过失，就因此而忽视它对你人生目标的影响。

林登·约翰逊出生在德克萨斯州一个贫穷的农村家庭。小的时候，他家里的经济状况很差，而且父亲常年卧病在床，家里的负担全落在了母亲身上。

人物博览馆

哥伦布：意大利航海家，一生从事航海活动。他相信地圆学说，认为从欧洲西航可达东方的印度。在西班牙国王的支持下，1492～1504年间先后4次出海远航，开辟了横渡大西洋到美洲的航线，并在帕里亚湾南岸首次登上美洲大陆。哥伦布不仅证明了地圆学说的正确性，更重要的是，他开辟了新航路，改变了世界历史的进程。

某年冬天的一个夜晚，约翰逊一觉醒来，发现母亲还在灯下替别人洗衣服，于是约翰逊对母亲说道："妈妈，天这么冷，您早点儿睡吧！"

母亲回答道："孩子，你先睡吧。我想多洗几件衣服，这样就可以多挣些钱。"

约翰逊起床蹲在母亲膝前，鼻子一酸，泪水便涌了上来。他呜咽着说："妈妈，家里太穷了，这点钱能派上什么用场呢！我想好了，我不去上大学了，明天我就跟隔壁的杰克叔叔说我帮他看杂货店。"

母亲听完，肩头颤抖了一下，她克制住自己的情绪，问道："难道你准备在这儿穷一辈子吗？"

约翰逊苦涩地说："那有什么办法？也许，我只能当个农夫吧！"

母亲放下衣服，看着约翰逊，坚定地说："命运是掌握在自己手中的，你要对生活充满信心和激情，要有远大的目标和追求。生活在逆境中并不可怕，千万不要被自己打倒了。在逆境中站起来的人，才是真正的巨人！"

约翰逊说："我知道，妈妈。可是家里真是太穷了！"

母亲正色道："林肯小时候家里也很穷！为了维持生计，他天天跟着父亲在西部荒原上开垦荒地。可是他勤奋好学，一有机会就向别人请教，休息的时候，一边啃着玉米饼子，一边津津有味地看书。晚上还经常借着小油灯微弱的灯光一直看到很晚。他能这样坚持下来，就是因为他心中有远大的志向，即使生活再苦再难，他都会坚定地朝着那个目标前进。"

约翰逊哽咽着对着母亲说："我决定不再向命运低头！是的，我差点儿偏离了航线，妈妈！是您让我清醒了，谢谢您，亲爱的妈妈！"

后来，约翰逊果然不负母亲的期望，即使在家庭经济最拮据的时期，他仍然在德克萨斯州西南师范学院半工半读，完成了学业。毕业后，他进入政界，一直沿着自己既定的宏伟目标坚定而自信地前进，再也没有被生活中任何的困难所羁绊，最终取得了人生的辉煌——成为美国历史上伟大的总统。

本杰明·哈里森上小学的时候，总是迟到。

老师告诉了他的母亲伊丽莎白。母亲没有骂他，也没有打他。

临睡觉的时候，母亲对儿子说："本杰明，告诉妈妈，好吗？为什么你那么早出去，还会迟到？"本杰明回答道："我发现河边的日出太美了。我每天都去看，看着看着就忘了时间了。"

第二天一早，母亲跟着本杰明一起到了河边。

当太阳从河边缓缓升起时，母亲欢快地说："哦，真是太美了！本杰明，你的发现真棒！"

这一天，本杰明没有迟到。

傍晚，他放学回家后，发现房间的书桌上有一只好看的小手表。手表下面压着一张纸条，上面工整的字体写道："因为日出太美了，所以我们更要珍惜时间和学习的机会。你说是吗？爱你的妈妈。"

从此以后，本杰明再也没有迟到过，顺利地考上了高中。

有一天，老师给本杰明的母亲打来电话，说有重要的事情要她去学校。

原来，本杰明在课堂上偷看一本画册，里面有几张裸体的人体画！她的脑袋"嗡"地一下响开了，但和老师交换了意见后，她替儿子要回了那本画册，仿佛什么事也没有发生过一样。

第二天早晨，本杰明在枕边发现了那本画册，上面附着妈妈给他的一封信："儿子，生命如花，都是美丽的。一朵花枯了，很多年后我们还能忆起；一个女人死了，千年后我们还能怀念她的美丽。孩子，从审美的角度出发，记住那些让我们感动的细节——一片落叶，一件母亲给你织的毛衣，一个曾经为你弯腰系过鞋带的女

人物博览馆

本杰明·哈里森：美国第23任总统。本杰明·哈里森从小受过良好的教育，毕业于迈阿密大学，毕业后从事律师职业。南北战争期间参加联邦军，获将军衔。1881年，当选参议员。1888年，他被共和党提名为总统候选人并在竞选中获胜。上台后，他顺应潮流，制定了旨在稳定局势、防止社会动荡的《谢尔曼反托拉斯法》，政绩显著。

阅读小感悟

只要你自己不放弃，父母就不会对你放任自流，你的目标也仍然会牢牢地掌握在自己的手中。

孩……有一天，你就会以你浓郁的生命馨香感召他人，就像你小的时候我给你讲的那个飞翔在果皮箱上的小女孩一样。人们爱她，因为她是天使！”

本杰明感动万分。当他成为美国第23任总统后，他对助手们说过一句话：“是我母亲扭转了我的航线并将我推上了总统的位置！”

伊丽莎白，这个极聪明而伟大的母亲，懂得在孩子的缺点中发现优点，并用无微不至而圣洁的母爱呵护了孩子生命中的微弱光芒！

而本杰明，这个懂事的孩子，更是在母亲的教导下，成功地纠正了偏离航线的错误，使自己生命中那一点点不曾被扑灭的光，最终变成了满天繁星，照亮了整个美国！

孩子，早在你还是一个婴儿，甚至还是一个胎儿时，你的父母可能就已经对你寄予了厚望。看着你如小树般沐浴着阳光，一天天茁壮成长，父母会从心底为你感到自豪，并无微不至地关怀你。

但正如所有孩子都有缺点一样，你身上也会或多或少地存在一些缺点，比如成绩不够优秀、脾气有些暴躁，抑或做事时难以集中注意力……总之，在你的身上，需要父母费心的事很多，而且有些问题还会反复出现，有时甚至让父母“防不胜防”。

但你要相信，父母永远爱着你，他们会真诚地接受你的倾诉，帮助你改正那些缺点，帮助你更好地理解你周围所发生的一切，帮助你更清晰地认识你的人生目标，帮助你树立正确的人生观和世界观……从而避免你在成长过程中偏离正确的航线。

年 月 日

第4天：富兰克林·罗斯福

将远大的理想现实化

理想或目标远大当然是一件好事情，但是如果某个理想没有一点儿实现的希望，那就不能算是真正的理想，而是空想或梦想。

那么，如何才能把你的未来建设成根基稳固的雄伟大厦，而不是虚无缥缈的海市蜃楼呢？这里就存在一个如何使理想现实化的问题。

有两只小鹰，都希望自己可以在天空中自由自在地翱翔，成为天空中的王者。其中的一只，一开始试着学从篱笆上飞到地面，然后从屋顶上、从大树上再从高山上飞下来，最后终于可以在天空中自由地飞翔了。

另一只则嘲笑第一只说："既然从高山上就可以学会，为什么还要费那么多力气从篱笆、屋顶上开始飞呢？真是愚蠢！"于是它直接从高山上往下飞，结果一下摔死了。

第一只小鹰看着同伴的尸体，感慨地说："远大的理想、宏伟的目标不是一下子就可以实现的。干什么都

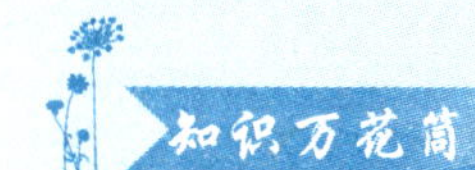

海市蜃楼：一种自然现象，简称蜃景，是地球上物体反射的光经大气折射而形成的虚像。这种现象多出现在夏天的沿海地带或沙漠。作为成语，多用来比喻虚幻的事物，也可形容心中不切合实际的理想。

需要有一个过程，如果太激进、急于求成的话，只能摔得头破血流，甚至丢掉性命啊！”

孩子，你也应如此，在你树立自己的人生理想时，不仅要让自己拥有实现宏伟目标的雄心壮志，更要注意实现人生理想的可能性。最有效的方法莫过于上面第一只小鹰所采取的方式了。你要知道，罗马不是一天建成的。

对于自己的长期和最终理想，你要尽可能定得远大，可是在实现它的过程中，必须把这个远大的目标分为若干个小目标，制订一个明确的、可行的计划。这样既可以让你拥有实现远大目标的动力，又有近期目标实现时喜悦的奖励。如此一来，你将会对自己的人生更有信心，学习起来也就更有动力了。

有一个孩子，他酷爱运动，可是长跑却一直是他的弱项。每次跑之前，一想到最终有那么长的路要跑，他的信心就丢了大半，所以每逢长跑比赛他都很难坚持下来。

一次长跑中，他又中途退场了，在同学们的嘲笑中回到了家里。他沮丧地对父亲说：“爸爸，看样子我的体能还是不够，每次长跑我都坚持不下来。不过我确实尽力了，下来的时候我已经一点力气也没有了。我想我以后没必要参加什么长跑比赛了，中途退场太丢脸了。”

父亲安慰他说：“没关系的，体能不够可以慢慢补嘛。我看这样，从明天开始我们一起去爬山，来锻炼你的体能好吗？只要相信自己，你一定可以跑到终点的。”

男孩说：“好的，爸爸，试试看吧。我也不想被人嘲笑。”

第二天一大早，父子俩就来到郊外，父亲指着一个小山头说：“看见没有，今天我们就爬这座山，有问题吗！”

男孩看了看，不屑地说：“这种山头，我可以一口气冲到顶上去。”

父亲说：“那还等什么，我的男子汉？”

于是，两人开始往山上冲去，果然，父子俩很快就顺利地冲上了山顶，可等到下山的时候他们的体力已经消耗得差不多了。男孩的双腿都有一些颤抖了。

男孩对父亲说：“锻炼得差不多了，我们该回去了，爸爸。”

父亲说："什么？才刚刚热完身而已，我们真正的目标是那个。"父亲回头用手指着另一座山说。那座山的山峰直入云霄，刚才的那个小山头与这座山相比，简直不值一提。

男孩一看那么高的山，吓坏了："上帝啊，那也太高了。就算刚才没有爬过这座山，我也不可能爬上去，何况我现在已经几乎没有力气了。"

父亲挠挠头，说道："哦，看样子是太高了点。这样吧，我们先爬到那棵大树那儿，怎么样？这总没问题吧？"父亲指着不远处的一棵大树说。

男孩说："到那儿肯定没问题。"

于是两人很快就爬到了那儿。父亲接着说："下面我们爬到那块突出的岩石那儿，怎么样，男子汉？"

男孩一看距离并不远，就说："可以，没问题。"于是两个人很快又爬到了新目标。就这样，每次父亲都会选择一个目标，男孩都顺利地到达了。

父亲忽然对儿子说："亲爱的，你抬头看一下，我们到什么地方了？"

男孩抬起头，放眼一看：啊，原来在不知不觉之间，已爬到了峰顶！男孩为此高兴地大喊起来。

父亲问儿子："一开始你为什么觉得自己无法爬到山顶？"

男孩回答说："一看到这么高的山，我心里就害怕，对自己就没有了信心，觉得肯定爬不上去。"

父亲又问："那为什么现在我们却站在了峰顶呢？"

男孩回答："其实在爬的时候我根本就没有去想那

知识万花筒

罗马：意大利首都，也是意大利的政治、经济、文化和交通中心，世界著名的历史文化名城，古罗马帝国的发祥地，因建城历史悠久而被称为"永恒之城"。罗马是全世界天主教会的中心，有700多座教堂与修道院、7所天主教大学，市内的梵蒂冈是天主教教宗和教廷的驻地。罗马与佛罗伦萨同为意大利文艺复兴的中心，现今仍保存有相当丰富的文艺复兴与巴洛克风貌。罗马地处地中海沿岸，是典型的地中海气候。和罗马有关的经典谚语，一则是"条条大路通罗马 (All roads lead to Rome)"，一则是"罗马不是一天建成的 (Rome was not built in a day)"。

么遥远的事情，我只想爬到您说的那个最近的目标。”

父亲笑着说：“你看，一个人固然要有远大的理想，可是有时候因为理想太高、太遥远了，就容易产生畏惧心理，被自己的理想所吓倒，甚至放弃理想。可是如果把宏伟的目标分成一小段一小段的话，每一段看起来就容易多了，我们也就更容易产生信心和力量。”

男孩兴奋地说：“真的是这样！我每次爬完一段的时候再看另一小段，总觉得那没什么，自己还有力量。可是如果我直接看山顶的话，就会觉得很累，认为自己不可爬上去。”

父亲继续说：“日本有一位著名的马拉松运动员，他曾夺得很多次世界冠军，可是从外表来看，他并没有其他运动员那么强壮。后来，在人们的询问下，他才说出了夺冠的秘诀。原来，他总是找一个小的目标，然后以百米冲刺的速度冲过去，然后再找另外一个目标，再冲过去，因为只有这样他才会感觉到自己一直有力量奔跑。如果一开始就想遥远的终点的话，身体下意识地就会疲劳不堪。”

男孩高兴地说：“这太奇妙了，我参加长跑比赛的时候也可以试试这个方法。”

父亲微笑着点点头。

几个月以后，学校又有一次大规模的长跑比赛，男孩也报了名，同学们看见他，都嘲笑说：“你们看，逃兵又来了。”男孩并没有理会，专心地参加了比赛，最后他终于第一次跑完了全程，并且取得了不错的成绩。将长远的目标分成阶段性目标来完成的秘诀终于使他战胜了自己，完成了比赛。

这个男孩便是后来的美国第32任总统富兰克林·罗斯福！

父亲通过那次爬山给他上了人生的重要一课，让他明白了长远的目标必须分成阶段性的目标来完成的道理。他成功跑完全程以后兴奋地跑回家，迫不及待地要将胜利的消息告诉父亲。

父亲高兴地说：“亲爱的，人生就好像是一次长跑比赛，一个人应该有人生的长远目标，这个目标不妨高一些、大胆一些，然后为了实现这个目标而去努力、去奋斗。

“可是如果我们每天都想着这个目标的话，很可能就觉得这个目标太大，困难太多，难以完成，就很可能被这个目标所吓倒，甚至放弃。而如果我们能把这个目标分解成一个一个的小目标的话，就容易完成很多了。”

罗斯福点头说道：“就好像要想成为一名百万富翁一样，可以先攒10万块钱，然后再攒第二个10万，这实际上就是在向100万靠近，而不要总是想着什么时候能够一下子挣到整整100万。”

父亲颔首说：“就是这个意思。”

在此后的日子里，罗斯福按照父亲教的这种方式，把自己长远的目标都分解成若干个小目标，每一天都对自己的未来充满了信心，不断地完成阶段性的目标，一步一步离最终目标越来越近，最后终于当选美国总统，实现了伟大的人生目标。

罗马不是一天建成的。你不仅要为自己树立起远大的人生目标，更要在父母的帮助下将这个目标分解为一些小的、可行的阶段性目标。

如果你的理想是成为一名科学家，那你可先以学好物理和数学为当前的目标；如果你的理想是成为一名作家，那你可先以写好日记为暂时的目标；如果你的理想是成为一名政治家，那你可先以成为伙伴们的领军人物为前期目标。

既有了宏伟的人生理想，又有了实现理想的正确途径和方法，相信你一定能够成就一番事业！

人物博览馆

富兰克林·罗斯福：美国第32任总统。他在20世纪的美国经济大萧条和第二次世界大战中扮演了重要的角色，是第二次世界大战的中心人物之一。从1933年至1945年间，连任四届（第四节未任满）且是美国历史上唯一连任超过两届的总统。罗斯福被历史学家评为美国最伟大的三位总统之一，同华盛顿和林肯齐名。

阅读小感悟

机遇是一个美丽而性情古怪的天使，她会像不速之客一样突然降临在你身边，如果稍不注意，她就将翩然而去，不管你怎样扼腕叹息，她都将从此远去。

给男孩的建议

在制订目标的过程中一定要注意以下几个方面的问题：

1. 要合理

比如你一天只能记住50个英语单词，那你就不要急于求成地为自己设定一天记住500个单词的目标。因为这已远远超出了你的能力范围，你根本就不可能实现这个目标。

2. 要有一个时间期限

从严格意义上来讲，没有时间期限的目标等于没有目标，它只是一个梦想，因为它无法衡量进度，也无法衡量结果。

3. 要明确

诸如“我要考上大学”“我希望过幸福的生活”这样的目标是不明确的。你一定要为自己明确地列出你想考什么样的大学、你心中幸福的生活是什么样的。

4. 要把具体目标写在纸上

如果你不把目标写下来，并且经常看一看的话，它们很容易就会被你遗忘。

5. 要把目标视觉化

所谓视觉化，就是你应该经常想象达到目标后的情景，情景越生动逼真，就越能让你感受到成功的喜悦，也就越能激发你追求成功的欲望！

6. 要制订一个详细的计划

如果没有一个切实可行的计划，你的目标就会成为空中楼阁、海市蜃楼。

7. 要严格地执行计划

每天都要检查自己执行计划的情况，并且要时常询问自己：“我现在做的事情会使我更接近终极目标吗？”

最后，时刻督促自己遵循既定的方向和目标前进，不能半途而废，更不能一遇到挫折就灰心丧气。只要坚持下去，总有一天，你会为自己感到无比骄傲！

年　月　日

阅读主题2：
拥有高尚的品德

“名不正则言不顺，言不顺则事不成。”若想让自己成为品德高尚的人，其实很简单——只要你懂得“送人玫瑰，手有余香”就可以了。

记住他人对自己的恩惠，洗去自己对他人的怨恨，在人生的旅途中才能晴空万里；一件很平凡微小的事情，哪怕如同赠人一支玫瑰般微不足道，但它带来的温馨会在赠花人和爱花人的心底慢慢升腾、弥漫，散发出迷人的芬芳。

第5天：安德鲁·约翰逊
送人玫瑰，手有余香

同情与宽容、重诺与守信、勤俭节约、助人为乐、彬彬有礼、尊老爱幼……这些都是一个人高尚品德的真实体现。

作为一个拥有远大理想的孩子，你必须让自己拥有高尚的品德，这是使你成为一个真正受人尊敬与爱戴、钦佩与拥护的领导者的基础。

唯有当你懂得“送人玫瑰，手有余香”的道理时，你才会成为一个充满人格魅力的人，在遇到困难与挫折的时候才会有更多的援助之手向你伸出。

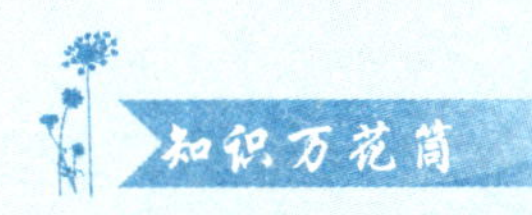

送人玫瑰，手有余香：印度古谚，原话为“赠人玫瑰之手，经久犹有余香”，英语译为“The roses in her hand, the flavor in mine”。

帮助别人，就等于帮助自己。你的人生犹如一块土地，播撒一种思想，就会收获一种行为；播撒一种行为，就会收获一种习惯；播撒一种习惯，就会收获一种品德；播撒一种品德，就会收获一种命运。

如果你没有在你的那块土地上播撒高尚的思想，那么你必将收获可悲的命运！这一点必须引起你的高度重视！

1817年的冬天，北卡罗莱纳州在一片银装素裹中迎来了圣诞节。

虽然处于冰封雪冻之中，但是空气中早已洋溢着浓浓的节日气氛。街上的灯都亮着，沿街的展示橱窗都穿上了节日的盛装，里面摆满了各种各样漂亮的圣诞礼物，坐着雪橇的圣诞老人穿梭于北卡罗莱纳州的各个角落。许多人家正在准备丰盛美味的节日佳肴，诱人的香气和着浓浓的节日气氛，到处是喜气洋洋的笑脸。

然而，喜庆之中的北卡罗莱纳州的一间小木屋里，却是另一番景象——因为没钱买燃料，炉火烧得不旺，屋子里弥漫着阴冷潮湿的空气。锅里煮着仅剩的几个土豆，这就是他们的圣诞晚餐了。尚不谙世事的几个孩子对过节盼望已久，并非常希望能在这一天收到圣诞老人送来的礼物，哪怕是一小块糖果。

看着因期待而兴奋和有些紧张的孩子，愁苦的母亲不禁在心里哀叹起来："我可怜的孩子们，妈妈没钱给你们买圣诞礼物，更不可能会有人送来圣诞礼物。"眼看着孩子的美好愿望即将破灭，两滴泪水不由得悄然滑落。

"咚——咚——"

门外突然响起了一阵敲门声。

谁会在这会儿到这儿来呢？疑惑的母亲示意大家安静下来。敲门声再次响起，没错，就是有人敲门。小约翰逊高兴得一下子跳起来，兴奋地跑去开门："我知道了，一定是圣诞老人给我们送礼物来了！"

"很抱歉，孩子们，妈妈没钱给你们买礼物，我们又没有亲人、朋友……怎么可能……"年轻的母亲话还没说完，就被眼前的一幕惊呆了！

一个和蔼的圣诞老人抱着两大包礼物，唱着祝福的歌曲走进屋来。

孩子们兴奋起来，但年轻的母亲却抱歉地对圣诞老人说：“噢，我没有订过圣诞礼物，我想您是否送错了地方？”

“没错，就是您这儿！瞧吧，孩子们，这么多的礼物——是一位先生让我送来的！”圣诞老人接着道，“他说在他最疲惫不堪和几乎快饿死时，你们的母亲曾经帮助过他——一杯热咖啡和一块面包。虽然很多年过去了，他还是非常感谢您，太太！也许您不记得他了，但他说他一直在打听你们的住址，并表示以后每年的圣诞节他都会让圣诞老人送来他最美好的祝福！”

“我帮助过他？一位先生？什么时候——我怎么想不起来了？”小约翰逊的母亲激动得有些语无伦次。

“那位先生说，是5年前冬天的一个晚上，路上很滑，他摔伤了。太晚了，好久都没人经过，他都快冻僵了。”圣诞老人看着手足无措的年轻母亲说道。

年轻的母亲好像突然想起了什么似的说道：“噢，我想起来了，是一件小事。其实，我只是在别人需要帮助的时候，伸出了手而已。我想大家也都会这样做的。你们说呢，孩子们？”

“对！”孩子们齐声回答道。

他们都特别高兴，因为桌子上堆满了漂亮的衣服和美味的食物。

这件事，让小约翰的心灵受到了很大的震撼，帮助别人是多么美好的一件事啊！他母亲的那句“我只是在别人需要帮助的时候，伸出了手而已”，也深深地根植在他幼小的心田里，影响了他的一生。

北卡罗莱纳州：美国东南部大西洋沿岸的一个州。最初的13州之一。北接弗吉尼亚州，东滨大西洋，南接南卡罗莱纳州和佐治亚州，西邻田纳西州。农村人口占50%以上，为美国农村人口最多的州之一。

阅读小感悟

因为有了帮助，悲剧才会变成喜剧，遭遇挫折的人才能重新鼓起勇气……你应该时刻告诉自己：不经意的一句话，一次举手之劳，都将温暖受助人的心！

若干年后，当了总统的安德鲁·约翰逊在回忆录中写道：“上帝对一个人的最好恩赐就是让他拥有一位品德高尚的母亲——并且这位母亲给了你同样高尚的品德！”

施与受，同样有福——助人者，其实就是自助！

每个人都可能会遇到下面这些人：摸索着过马路的盲人，摔倒在马路边的骑车人，焦急地寻找钥匙的邻居，艰难地拖动行李的行人，街角饥饿可怜的行乞者，行动不便的残疾人，忘带铅笔刀或橡皮擦的同学，处于痛苦、悲观或绝望中的人……

生活中像这样需要帮助的人很多，你是真诚地伸出热情的双手，还是袖手旁观？

在别人需要帮助的时候，你能像约翰逊和他的母亲一样，尽自己所能地伸出双手，身体力行地去帮助别人吗？

如果是，那么，你也会由简单地模仿而慢慢变成一个助人为乐的人。

当你“送人玫瑰”时，你就会体会到助人的快乐，并让自己成功地远离那个冷漠、无助和自私的世界。

年 月 日

第6天：威廉·亨利·哈里森

在心中刻一杆秤

物以类聚，人以群分。想要了解一个人，只要看一看他与什么样的人交往就一目了然了。这其中的关键在于你必须学会明辨是非，心中有一杆衡量好坏的秤！

如果你跟一群品质恶劣的人混在一起，耳濡目染，你也很可能会堕落。而与品德高尚的人为友，受他们的积极影响，你也会成为一个品格高尚的人！

如果你是非不分、真假不辨、善恶不明，那你很可能就会走上歧途！

就像地球存在两极一样，在你和你的小伙伴中间也存在着好的风尚和一些不良习气——物质享受上的互相攀比、抽烟、沉迷电子游戏等。

如果你不具备明辨是非的能力，就很容易经受不住诱惑，很容易和一些品德不良的人交上朋友，一旦做出一些令自己后悔莫及、令父母痛心的事来，一切将悔之晚矣！

具备明辨是非的能力，既是在你踏上成长之路时的

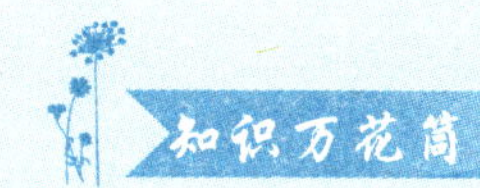

物以类聚，人以群分：出自西汉末刘向编定的《战国策·齐策三》，用来比喻同类的东西常聚在一起，志同道合的人相聚成群，反之就分开。

必修课，也是你展翅高飞前的嘹亮号角——它是鼓舞你摒弃丑陋、追求美好的动力！

此时的你，是否已经吹响了这个能影响自己一生的号角呢？

你现在的年龄还小，心智还不算成熟，所以正是可塑性最强的时候。在父母的帮助下尽早地拨开迷雾，正确透视事物的本质，正视社会上的一些负面影响，将会为你未来成为一个明辨是非的人打下坚实的基础！

威廉·亨利·哈里森总统出生在美丽的詹姆斯河畔。天气好的时候，附近一带的人几乎都会不约而同地去詹姆斯河边散步、游玩。

一天，哈里森一家和邻居哈伯德结伴去河边野餐。正在生火的时候，一个胖乎乎的中年男人向他们走来，他笑眯眯地，绅士一般一边走一边向每一个人热情地打招呼。

哈里森是一个很懂礼貌的孩子，见有客人来便立刻热情地让座。

来人叫吉斯，是这一带很有名的人——这并不是因为他作出了值得称赞的贡献，恰恰相反，可以这样说，吉斯的名气是令人厌恶的恶名。但哈里森不知道这些，对他还挺有好感。

吉斯笑眯眯地对哈里森说了一声："谢谢！"

可是当吉斯正要坐下去的时候，哈里森猛然听见哈伯德先生大声咆哮道："走开，你这个讨厌的东西！"

哈伯德先生的"粗暴"使哈里森一下子惊呆了。

这时，吉斯说了句："干什么那么凶！"便讪笑着离开了他们，向另一群人走去。

哈里森对哈伯德先生的"无理"很是生气。

见此情形，父亲便笑着问："哈里森，你是不是觉得哈伯德先生不对呀？"

哈里森说："当然啦！他为什么对客人那么不友好？"

父亲微微地笑着说道："你错了，哈伯德之所以讨厌他，是有原因的。"接着，父亲便耐心地向哈里森讲了一些有关吉斯的事：吉斯是个游手好闲的家

伙，无所事事，整天到处混吃混喝，还总向附近地区的人借钱，但从来不考虑还钱。

哈里森听完将信将疑地说道："可是看起来他不像那种人呀，一点儿也不粗暴。"

父亲说："哈里森，你还小，对周围的很多人和事都还不了解，无法辨别他们的好坏。别看哈伯德先生对吉斯这么严厉，可他平日里对周围的人都很礼貌、客气，并且也乐于帮助别人。哈伯德先生并不是个粗暴的坏人。倒是像吉斯那样品德不好而外表温文尔雅的人，应该引起警惕。这就像越是有毒的蘑菇越漂亮一样，好人坏人是不能看外表的。"父亲语重心长地继续道："要用心去体会、去分辨啊！"

哈里森恍然大悟："噢，爸爸，我知道了！就像《巴黎圣母院》一样，里面的加西莫多虽然丑陋无比，但他是个心地善良的好人。然而那个教父虽长得好看，却是个坏人。"

听哈里森这样说，父亲笑了。他知道，在哈里森幼小的心灵之中已经播撒了能够明辨是非的种子。

1836年，哈里森成了辉格党在西北地区的领袖，他的竞选情况良好。1839年，他接受了总统候选人的提名。

一个民主党报纸的记者嘲弄他说："给他一桶烈性苹果酒，每年发给他两千元津贴，我保证他会一辈子都坐在他的小木屋里的煤火炉旁学习道德哲学的。"

哈里森没有把这一嘲弄当成是对自己的负面影响，反而运用他早已学会的明辨是非的才智，将这一报道变

知识万花筒

《巴黎圣母院》：法国文豪雨果所著经典长篇小说，初版于1831年1月14日。故事的场景设定在1482年修建的巴黎圣母院，内容环绕一名吉卜赛少女（拉·爱丝梅拉达）和由副主教（克诺德·福罗诺）养大的圣母院驼背敲钟人（加西莫多）而展开。

辉格党：历史党派名称，有英国辉格党和美国辉格党。英国辉格党产生于17世纪末，19世纪中叶演变为英国自由党。美国辉格党始创于19世纪30年代，后于19世纪50年代瓦解，存续约26年。

成了有利于自己的行为。

他让辉格党人赶紧停止这一失策的报道，利用一切可以运用的策略，把他打造成边境地区的一个单纯的、直率的人，一个住在小木屋里饮烈性苹果酒的战士！并且还让他们抨击贵族式的竞选对手范布伦，说他懒洋洋地呆在总统府里，用科隆香水轻轻地拍着周身，呷着从银制冷器里倒入进口玻璃杯里的香槟酒。辉格党人还呼喊着“一直把球滚到华盛顿”这样的口号。

哈里森运用早已烂熟于心的明辨是非的智慧，将不利的条件变成了有利于自己的方法，取得了超过15万张选票，以绝对优势而获胜。

1841年2月，哈里森到达华盛顿，他让韦伯斯特校订他的就职演说稿。演说稿引用了很多典故，其中有一个就是——“我砍掉了17名古罗马的地方总督，

因为他们都是不能明辨是非的人。”

哈里森在谈到《宪法》时说：“我不能设想，用花言巧语就可以找到《宪法》中规定总统有部分立法权力的条款……认为待在首都的总统不能明辨是非和认为总统比接近人民的代表们更理解人民的要求和愿望的话，都是荒谬的。因为，人民的直接代表们每年都有一个时期生活在人民当中……并且他们和人民之间是通过利益、义务和感情这三条纽带紧密地联系在一起的。”

你必须学会在父母的帮助下，让自己明白世界上除了你所能看到的美丽阳光外，还有灰暗的阴影和丑陋的存在。只有当你从小就学会了明辨是非，你才能正视这些阴暗的东西并勇敢地去面对它！

作为一个天真无邪的孩子，你可能是幼稚的，也可能是无知的，只有通过在生活中点点滴滴积累，你才会逐渐悟出什么是高尚的品德，以及什么是人们所唾弃的东西。

生活就像一团乱麻，游弋于错综复杂的关系网里的你，在沿着宏伟的目标前进的途中，难免一时迷失其中，而辨别是非的能力则是帮助你找到正确出路的慧眼，它会让你的一生受益无穷！

阅读小感悟

社会生活非常复杂，人们对生活的追求不同，价值标准也不尽一样。选择哪一种价值标准、追求怎样的人生是你的自主行为。在不同的同学、朋友面前，在各种各样的价值观、人生面前，该如何选择？

《国语 · 周语下》有言：“从善如登，从恶是崩。”这句话的大意是学好难如登山，而学坏易似山崩。能否明辨是非，决定了你将会成为怎样的人。

年　　月　　日

第7天：西奥多·罗斯福

学会尊重他人

有一位曾给罗斯福总统担任过服务生的人回忆道："一次，我的妻子问罗斯福总统关于鹑鸟的事。因为她从未见过鹑鸟，于是总统详细地描述了一番。不久以后，我们小屋里的电话铃响了。我妻子拿起电话，才知道是总统本人打来的。他特意打来电话告诉她，我们屋子窗口外面正好有一只鹑鸟，如果她往外看，就能看到。而且罗斯福总统时常做这类小事。每次他经过我们的小屋，如果看不到我们，他就会轻轻地叫'呜、呜、呜，安妮'或'呜、呜、呜，詹姆斯'这是他表示友好的一种打招呼习惯。"

服务者怎能不喜欢一个像他这样平易近人的总统呢？任何人都不会讨厌一个关注自己心理感受的人的。

有一天，卸任后的罗斯福到白宫去。不巧的是，塔夫脱总统和夫人都不在。这时，他那种真诚对待身份卑微的人的态度完全体现出来了——他同所有的白宫服务者打招呼，而且能叫出每个人的名字，连在厨房里打下手的也不例外。

当他看到厨房的阿丽丝时，问她是否还烘制玉米面包。阿丽丝回答，她有时为其他仆人烘制一些，但是楼上的人都不吃。

"他们的口味太差了！"罗斯福颇为不平，"等我见到总统的时候，我会这样告诉他。"

阿丽丝端出一块玉米面包给他，他一面吃着一面向办公室走去，经过园丁和工人的身旁时，还不断跟他们打招呼……

“他对待每一个人，还和以前一样。”服务者低声讨论着。

而一名叫艾克·胡佛的仆人眼中含着热泪，激动地说：“这是近两年来我们唯一的愉快日子，我们任何人都不愿意拿这个美好的日子去换一张百元钞票！”

罗斯福的这一尊重他人的良好品行，不仅使他在总统任上得到了人民的尊敬，而且在他卸任以后依然得到朋友们的赞扬。

当然，他的这一优良品德与他小时候所受的教导和自己的努力是分不开的。一次，有记者问他：“你为什么会取得如此多的成就还那样谦虚？”他对记者讲述了这样一个故事：

“在我还很小的时候，脾气非常不好，对父母长辈都不太尊重，更不会尊重别人，纯粹是一个我行我素、目空一切和唯我独尊的小霸王。

“当时，我祖父与一家日本公司在生意上往来密切，那家公司的社长私下也成了我祖父的好友，偶尔在祖父的带领下还会到我家里来做客，不过我当时从没有理睬过他。

“一日，母亲对我说：‘西奥多，我带你到那家日本人的公司参观吧，他们的生意做得可大了！’

那天我也没别的事，就答应了。我跟母亲到了那家日本公司时，祖父与那位社长已经站在公司门口迎接我

人物博览馆

西奥多·罗斯福：人称老罗斯福，美国历史学家、政治家，第26任总统。他的独特个性和改革主义政策，使他成为美国历史上最伟大的总统之一。他是富兰克林·罗斯福的远房堂叔。

威廉·霍华德·塔夫脱：美国第27任总统。塔夫脱在总统任期内一直勤勤恳恳，做了不少工作，如逐步采取年度预算，建立邮政储蓄体系，鼓励保护自然资源，大力推行反托拉斯法等。塔夫脱曾任律师、地方检察官、州高级法院法官、司法部副部长、法庭庭长、法学教授、美国第一任菲律宾总督。

们了。社长满脸微笑着对我说：‘欢迎，欢迎！西奥多·罗斯福先生。今天我们公司正在招收一批新员工，我要给他们面试，有没有兴趣看一看啊？’

“我还没有见过公司如何对员工进行面试呢，就跟着社长进了他的办公室。母亲与祖父去参观车间了。

“社长让我坐在他右边的角落里，并微笑着告诫我说：‘西奥多·罗斯福先生，请您不要发出任何声音。如果感觉不好玩，可以悄悄地溜出去，好吗？’

“我点头答应，坐下没多久，就传来了敲门声。

“推门而进的是一位年轻的美国人，看起来像刚从大学毕业。社长让他坐在了对面，静静地审视了一会儿，出乎意料地问：‘你替父母洗过澡、擦过身吗？’

“‘从来没有过。’年轻人老实地回答说。

“‘那么，你替父母捶过背吗？’社长继续问道。

年轻人想了想，回答说：‘有过，那是我在读小学的时候，那次母亲还给了我10元钱。’

“在面试中，社长只是一直问诸如此类的问题。年轻人临走时，社长突然对他说：‘明天这个时候，请你再来一次。不过有一个条件，刚才你说从来没有替父母擦过身，明天来这里之前，一定要为父母擦一次身。能做到吗？’年轻人一口答应了。

“我满脸狐疑地看着社长，心想工作与给父母洗澡有什么关系呢？社长像是看出了我的心思，依然微笑着对我说：‘这个问题，您可以去问您的母亲，西奥多·罗斯福先生！’

“在结束今天的活动，准备回家的时候，社长在公司门口突然问我：‘西奥多·罗斯福先生，明天有没有兴趣再来我的公司看看今天那位年轻人的表现？’

“我寻思着明天那位年轻人的倒霉样一定挺可乐，就一口答应了。

“晚饭时，我向母亲提出了那个困扰了我一下午的问题。餐桌上的人突然全都安静了下来，母亲慈祥地看着我说：‘社长是希望他的每一位员工都有一

颗敬爱父母的心。不知道孝敬父母的人是做不到为别人和公司着想的，社长是想让他懂得这个做人的道理！’

“我当时听了母亲的话，想了想自己平时的行为，羞愧地低下了头。

“第二天一早，我就匆匆地赶到了社长的办公室，等待着那位年轻人的到来。没过多久那位年轻人就来了，并含着泪给社长讲述了他的经历。

“年轻人家境贫寒，出生不久父亲就去世了。从此，母亲为富人家做女佣拼命挣钱，将他抚养长大。年轻人读书成绩优异，考进了大学，学费虽然令人生畏，但母亲毫无怨言，继续做女佣挣钱供他上学。直至今日，母亲还在做女佣，昨天青年从公司回到家时母亲还没有回来。

“年轻人说，母亲出门在外，脚一定很脏，所以他

知识万花筒

一屋不扫，何以扫天下：这句话其实是后人杜撰的，历史文献中并没有这句话。其真正的原文是：“一室之不治，何以天下家国为？”一屋不扫，何以扫天下”一句出自清代刘蓉的散文《习惯说》。原文如下：

“陈蕃字仲举，汝南平舆人也，祖河东太守。蕃年十五，尝闲处一室，而庭宇芜秽。父友同郡薛勤来候之，谓蕃曰：‘孺子何不洒扫以待宾客？’蕃曰：‘大丈夫处世，当扫除天下，安事一室乎？’”

决定先母亲洗脚。

“母亲回来后，见儿子要替她洗脚，感到很奇怪，她说，脚我还洗得动，我自己来洗吧。于是年轻人就将原委说了出来，母亲很理解，便等儿子端来水盆，把脚慢慢地伸进水盆里。

“年轻人右手拿着毛巾，左手握着母亲的脚，直到这时他才发现母亲的那双脚已经像木棒一样僵硬，他不由得搂着母亲潸然泪下。他回想起在读书时，心安理得地花着母亲如期送来的学费和零花钱。现在他才知道，那些钱可是用母亲的血汗换来的。

“最后，他对社长说：‘现在我才知道母亲为了我，受了很大的苦。您使我明白了在学校里没有学过的道理，谢谢社长。如果不是您，我还从来没有握过母亲的脚。我以后要照顾好母亲，再不能让她受苦了！’

“社长点了点头，说：‘你明天到公司来上班吧！’

“这个年轻人的话，使我猛然醒悟过来——我花的钱、穿的衣服、住的房子又是从哪儿来的呢？而这样的思维习惯，就是到了我当了总统以后还一直保留着。在决策时，我都会考虑一下要花的钱是哪儿来的？我这么做对不对得起纳税人？”

罗斯福用他小时候所遇到的事情，来解释他之所以取得如此大的成就的原因，这虽然不能说明所有问题，但至少说明了一个人尊重父母的品行是多么重要。

一屋不扫，何以扫天下！如果你连站在父母的立场来考虑问题都不会，又何谈为别人着想呢？

尊重是一门艺术，它能教会一个人友善、平等地面对世界，它能显示出一个人内在的品质。

当你跋涉在崎岖的山路，推动着你的伙伴鼓励的目光，是尊重；当你遭遇人生的挫折，老师用温暖的双手扶着你，那是尊重；当你拾起马路上的垃圾，路人用赞许的眼神看着你，那是尊重；当你懊悔曾经的过错，父母的宽厚与理

解包容着你，那是尊重。

尊重是对他人的肯定、赞赏与敬佩。尊重是一种修养，一种品格，一种对人不卑不亢、不俯不仰的态度，一种对他人人格与价值的充分肯定。任何人都不可能尽善尽美，我们没有理由用求全责备的眼光去审视别人，也没有资格去嘲笑他人。一个真正懂得尊重他人的人，一定能赢得他人的尊重。

有一次，松下幸之助吃过晚餐后把厨师找来，说自己年事已高，胃口不比从前，所以只能吃一半。因为他怕厨师误会做得不够好，所以亲自向他说明。这样的尊重，将给厨师以莫大的温暖与感动。

尊重是一缕春风，一泓清泉，一颗给人温暖的舒心丸。它常常与真诚、谦逊、宽容、赞赏、善良、友爱相得益彰，与虚伪、狂妄、刻薄、嘲讽、凶蛮、势力水火不容。

有一种力量叫尊重，它是化解仇恨的良药；有一种礼仪叫尊重，它是文明的象征；有一种智慧叫尊重，它是聪明人交际的法宝。比赛现场，为明星运动员呐喊与喝彩是尊重，给普通运动员以鼓舞和掌声同样是尊重；生活中，对位高权重、能影响自己发展的的崇敬是尊重，对普通小人物不歧视、不嘲笑同样是尊重；当他人功成名就时给以赞扬是尊重，当他人遇到挫折时伸手相助而不幸灾乐祸同样是尊重；对情趣相投的人真诚相待是尊重，对性格不合的人心存宽容同样是尊重……

阅读小感悟

在最无助的时候，是父母让你懂得了未来不是梦，是父母让你敢于勇往直前，让你在生活的最低谷感受到自己的价值。简单的话语却寄托了父母何等的情怀！可是你为什么会无视那最珍贵的爱呢？你有时还把那一句句叮嘱放在脚下无情地践踏，可是却还不知道自己做错了，更不知道错在了哪里。是不是很可笑？这是不是一个人的悲剧？你是不是应该反思，把自己的心结打开？是不是该为父母想一想？

给男孩的建议

其实，成为一个品德高尚的人，说起来容易做起来难。中国上下五千年的文明，关于怎样修德，随便找几本书，就能让你读几天几夜！但是，人并不一定要尽善尽美，只要不背叛自己的内心，用心去追求美好人生、追求真理，做到下面几点就可以了：

1. 热爱生命

生命，那是自然丢给人类去雕琢的宝石。屠格涅夫曾说："我热爱生命，热爱生命的真实和生命的偶然，以及瞬间的美。"生命的敌人实在是太多了：疾病、意外、火灾、洪水、衰老……所以，你应在有限的时间里去做许许多多有意义的事情，让生命显示出它的光彩夺目，让生命迸发出无穷的活力！

2. 关爱他人

"敬人者，人恒敬之；爱人者，人恒爱之。"当今的社会，人与人之间的交往越来越频繁，人际关系也越来越重要，一旦和周围人的关系处理不好，在学习或生活中就会很不顺利，甚至还会遭到别人奚落，或者遇到意想不到的困难。人与人之间需要互相理解、宽容和关爱。得到他人的关爱是一种幸福，关爱他人也是一种幸福。其实，关爱别人就是关爱自己，因为只有你关爱了别人，在你需要帮助的时候别人才会回报你。

3. 勇敢地承担责任

责任是什么？不同的人会有不同的答案。学生的责任是积学储能，教师的责任是教书育人，医生的责任是救死扶伤。每个人的角色不同，所担负的责任也不同，但责任的意义却是一样的——它是危急时刻挺身而出的勇气，是面对困难知难而上的动力，是遇到危险毫不畏惧的坚决。

即使你还是个孩子，但在责任面前，请不要退缩，不要放弃，尽自己的最大努力去承担。心怀责任，方能创造精彩！

4. 懂得感恩

感恩生育你的人，因为他们使你体验生命；感恩抚养你的人，因为他们使你不断成长；感恩帮助你的人，因为他们使你渡过难关；感恩关怀你的人，因为他们给你温暖；感恩鼓励你的人，因为他们给你力量！感恩是一种处世哲学，是生活中的大智慧，是你成长为一个顶天立地的男子汉的必备人格。

年 月 日

跟我来阅读

阅读主题3：让自己勇敢起来

在成年人的世界里，大家都明白这样一个道理——狭路相逢，勇者胜！

所谓勇者，必然是不惧风雨、不惧烈日，迎着艰难困苦而上、泰山崩于前而坦然处之的人。

也许你还无法真正地理解勇气对于一个人的意义。但拥有了勇气，你就会拥有足够的力量去面对在你的人生道路上将遭遇到的所有风风雨雨、艰难险阻！

第8天：乔治·华盛顿

勇于认错方能得到他人的尊敬

勇敢可分为很多方面，如何对待自身的错误，就是其中最重要的一环。如果你不能从小养成勇于承担责任、勇于面对挫折打击、勇于挺身而出的性格，你将来必将养成唯唯诺诺、犹豫不决和优柔寡断的性格，甚至一事无成！

勇于认错，你将会成为一位令人钦佩的杰出人物！

俗话说“金无足赤，人无完人”，错误就像人的影子一样，是无法甩掉的！

然而，人总是在一次次的犯错与改正中成长起来

人物博览馆

乔治·华盛顿：美国首任总统，美国独立战争大陆军总司令。1789年当选为美国第1任总统，1793年连任，在两届任期结束后，他自愿放弃权力不再续任，隐退于弗农山庄园。由于他扮演了美国独立战争和建国中最重要的角色，故被尊称为“国父”。

的，如何正确对待自己所犯的错误，是你培养勇气的第一步！

“知错能改，善莫大焉。”这句话谁都会说，然而究竟如何真正地去承担起知错改错的责任，却并非所有人都能做到的。

那么，作为总统，他们在青少年时期又是如何对待自己所犯的错误的呢？

拉巴哈诺克河贯穿整个弗吉尼亚的原始丛林。

美国的“国父”——第1任总统乔治·华盛顿，就出生在这条河边的一个种植园家庭里。

华盛顿小时候经常与种植园里一个黑奴的小孩玩耍。一日，他正兴高采烈地与那黑人小孩进行短跑比赛。突然，院子里传出一阵如雷的叫骂声：“是哪个混蛋干的好事？”暴跳如雷的声音继续传来，“竟把我花了那么多心血栽培的樱桃树……”

华盛顿听出是父亲的声音，马上跑回院子里。

一棵还没有长大的小樱桃树，不知被谁从离树根一公尺左右的地方给砍倒了！一把锋利的斧头丢在树的旁边。

“喂，华盛顿，你知不知道是谁干的好事？”父亲问跑入院中的华盛顿。

华盛顿咽了咽口水，喘息着回答道：“是我砍断的！”

父亲一听，顿时一脸怒容，紧皱着双眉质问道：“华盛顿，你为什么要把我心爱的樱桃树给砍了？”

“我看那把斧头磨得那么亮，所以就想试一下，看它到底有多锋利。”华盛顿回答道。

华盛顿的父亲严厉地说：“你知不知道，你这样做将会受到惩罚？”

华盛顿看着愤怒的父亲说：“我愿意受罚！可是，如果我因为害怕受罚而撒谎，不是更不对吗？”

父亲的脸上立刻显出兴奋的神色，说：“嗯，你说得对，华盛顿！我真高兴你能勇敢地承认你的错误。即使是你砍掉了1000棵樱桃树……不，哪怕是你砍掉了10000棵会开出银花或结出红色果实的樱桃树……我也会原谅你的！你不但诚实，而且有认错的勇气，我为你感到骄傲！”

父亲还把那把锋利的斧头送给了他。

华盛顿从小就有知错的勇气，正因为这样，华盛顿未来才会在的军队中赢得士兵的尊敬。士兵们知道自己有一位勇于承认错误并能承担起责任的将军，也愿意为这样的将军出生入死，并最终帮助华盛顿取得了美利坚

知识万花筒

望子成龙：意为家长希望自己的子女能在学业和事业上有所成就。出自清代文康《儿女英雄传》的第三十六回：“无如望子成名，比自己功名念切，还加几倍。”中国封建社会把龙作为帝王的象征，多用其比喻杰出人物。

阅读小感悟

勇于认识自己的错误，勇敢地承认错误并承担起责任，会给你无坚不摧的力量。在你以后的人生历程中，你才会坦然地面对各种风暴，最终也必将像华盛顿一样成为天之骄子！

合众国的彻底独立。

现实中，父母望子成龙，对你看似有些苛刻。当你做了错事时，父母往往不给你陈述理由的机会，就不分青红皂白地训斥甚至体罚你。

而作为孩子的你，若想纠正父母对你过分的溺爱、纵容或与之相反的过分严厉与苛刻，首先就要树立起勇于承认错误的习惯，让父母为你感到骄傲！

那么，对于你有意或无意间犯下的错误，你究竟应如何鼓起勇气来面对呢？

首先，要懂得勇于认错的意义和价值。勇气是一个人一生中非常可贵的品质，它是你直面人生风浪的铠甲，没有它，你的未来必将寸步难行！

其次，要学会主动认错。只要真诚、主动地向父母承认你所犯的错误，父母大多会向华盛顿的父亲一样，及时地给予你肯定和奖励，同时对你作出相应的处罚。这一点，你必须要懂得：有勇气认错是一种可贵的行为，但犯了错误也必定要得到一定的惩罚，特别是当你故意去犯错时。

再次，也是最重要的一点，是你还要勇于与父母一同探讨犯错的原因，并让父母帮助你寻求解决问题的方法。你可以向父母仔细陈述你犯错的原因，不管你的这个理由可信还是不可信，你都应该让父母尽量了解你的想法，展示你知错必改的勇气。在取得他们的信任的同时，相信你也会懂得勇气的价值所在。

年 月 日

第9天：杰拉尔德·福特

在重要关头敢于挺身而出

无论为人为己，在重要关头挺身而出都需要莫大的勇气！

具备在重要关头挺身而出这一特质，将会使你具备领袖般的迷人魅力，一呼百应、山河为之震颤——这种号召力也正是作为一名政治家所应具备的人格魅力！

杰拉尔德·福特，是美国历史上的第38位总统。

1973年，是美国人从未经历过的非常特殊的时期，福特挺身而出，成了第一位根据《宪法修正案》第25条担任总统职务的副总统，并且在“水门事件”之后接任美国有史以来第一位辞职的总统尼克松的职务。

福特在这美国历史上史无前例的时刻勇敢地挺身而出，鼓励人民说：“我们国家长时期的噩梦过去了！我们的《宪法》是起效用的！我们伟大的共和国是一个受法律约束的政府，而不只是由一些人控制的政府！这是人民的裁决！”他的这番话无疑使美国人民感到振奋。

1913年，在内布拉斯加州的奥马哈，一个小男孩呱

水门事件（Watergate scandal，或译水门丑闻）：美国历史上最不光彩的政治丑闻之一，其对美国本国历史以及整个国际新闻界都有着长远的影响。在1972年的总统大选中，为了取得民主党内部竞选策略的情报，6月17日，以美国共和党总统尼克松竞选班子的首席安全问题顾问詹姆斯·麦科德为首的5人闯入位于华盛顿水门大厦的民主党全国委员会办公室，在安装窃听器并偷拍有关文件时，当场被捕。由于此事，尼克松于1974年8月8日宣布辞职，从而成为美国历史上首位辞职的总统。

呱坠地，父母给他取名叫小莱斯利·金。

在小莱斯利刚两岁时，他的父母就离婚了。母亲把他带到密歇根州的大拉皮兹。在那儿，母亲与杰拉尔德·R·福特结了婚。杰拉尔德·R·福特收养了小莱斯利，并给他取了自己的名字——杰拉尔德·福特。

老福特是一位实业家，他对自己收养的这个小孩——杰拉尔德·福特的一生产生了很大的影响。他把小福特抚育成了一个诚实、勤奋并敢于在关键时刻挺身而出的人。

一日，老福特带着小福特到自己的工厂里巡查。在经过工厂门口时，一群年轻人正围着一个衣衫褴褛的老头在那里推推搡搡地争执着什么。

老福特见状，猛一拍小福特的后背说："你去帮一帮那位可怜的老人吧！"

小福特犹豫地看着老福特说："他们那么多人，又都比我强壮，我会吃亏的。"

老福特意味深长地说："真正的男子汉应该在别人需要帮助的时候，能够挺身而出！那位可怜的老人多么需要别人的帮助啊！"

于是小福特就毫不犹豫地冲了上去……

后来，年轻的福特牢记老福特对他的教诲，在密歇根大学成了橄榄球队的明星，并在耶鲁大学取得了法律学学位，同时担任了橄榄球队的副教练和拳击教练。

1941年，当他得知日本偷袭了珍珠港后，毅然放弃在大拉皮兹干了不到一年的律师职业，参加了海军，并且自愿到离前线最近的在南太平洋中载有轻型飞机的"蒙特雷"号航空母舰上服役。在战争的最后一年里，他又主动请缨，几乎参加了所有的主要战斗。

正是杰拉尔德·福特这种在紧要关头总能挺身而出的性格，使他获任总统之后，在面对美国国内遭受通货膨胀、经济萧条和能源匮乏之苦，以及国际上中东再次发生冲突等一连串棘手的几乎是难以克服的遗留问题时为自己赢得了声誉。

关键时刻能够挺身而出，需要大智大勇的精神。但这并非是一朝一夕所能具备的，所以你需要从小就不断地激励和鼓舞自己，自我发掘这一非凡的特质！

然而，挺身而出不是蛮干，你还要懂得那是自身能力和实力的综合体现，它能帮助你认识到关心别人的利益与情感的重要性。这样，你就会主动地体恤他人，并懂得怎样和气待人，更多地考虑到别人的感受。

不过，现实生活中有许多父母，他们会认为挺身而出会让孩子的身心受到伤害，而事不关己高高挂起的思想早已根深蒂固。也许现在的你也被这种思想深深地影响着，你可能对此感到不以为意，殊不知，这样的你会在生活中逐渐地丧失勇气。

想一想，当你已尽量远离灾祸时，为什么你在生活中依然会受到伤害，并且得不到别人的帮助呢？原因正是很多人都如你一般学会了事不关己高高挂起，所以在你遇到困难的时候，别人也没有挺身而出。因此，只有当你自己具备了挺身而出的勇气时，你才会得到更多的友情、尊重、理解和帮助。

当然，培养自己勇于挺身而出的精神，不是一件一蹴而就的事情，它需要你平时的积累与努力，需要你从小处做起，主动伸出你的援助之手。比如，给情绪不佳的伙伴打个电话、安抚比你还小的小朋友、为行人指路、为家人做一次饭等。

如果你在日常生活中能够经常做一些力所能及的事，你就会感到助人为乐会使你赢得莫大的尊重和诚挚的友情。当你在小事上学会了帮助别人，在关键的时刻你也一定会拿出挺身而出的勇气来！

耶鲁大学：耶鲁大学是一所坐落于美国康涅狄格州纽黑文市的私立大学，创立于1701年，是美国历史上建立的第三所大学，第一所是哈佛大学，第二所是威廉与玛丽学院。它和哈佛大学、普林斯顿大学齐名，历年来共同角逐美国大学和研究生院前三的位置。该校在教授阵容、学术创新、课程设置和场馆设施等方面均堪称一流。

阅读小感悟

当你察觉到自己在一些能施以援手但却做出了漠不关心的举动时，你必须学会停下前行的脚步，仔细反省一下自己的行为。你必须明白，自己的这种漠视行为将会给无助的人造成很大的伤害，你应该立刻采取弥补措施来对自己的行为负责——力所能及地去帮助他人！

年　　月　　日

第10天：戴高乐

非理性的勇敢就是蛮干

你知道吗？法国军事家、政治家和法兰西第五共和国的缔造者——戴高乐将军，就因为蛮干而险些误入歧途。

1890年11月22日，戴高乐出生于法国里尔的一个天主教爱国家庭。从小就勇敢的他于1909～1912年在圣西尔军校学习，由于成绩优异，被誉为“未来优秀军官”。

第一次世界大战期间，戴高乐作战英勇，曾三次负伤，在凡尔登战役中一度被误认为已经阵亡。

二战期间，当法国政府准备向德国投降时，戴高乐拒不妥协，离开法国前往英国，并于1940年6月18日在伦敦发表了著名的抗战宣言《告法国人民书》。

此后，他作为自由法兰西武装力量的领袖，带领人民积极反抗纳粹德国。1958年12月，戴高乐当选为法兰西共和国总统。1965年他成为首任通过全民普选当选的总统。

戴高乐的勇敢，使他在世人面前成了里程碑式的人物。但小时候他误认为勇敢的蛮干，差一点儿就断送了他的前程！

小时候的戴高乐人高马大，为人处世非常豪爽，颇有一股绿林好汉的味道，在里尔一带可以说是“声名赫赫”！

一天，戴高乐正在家里玩耍，忽然他的一个小伙伴哭喊着跑来。戴高乐赶忙问道："怎么回事？是不是有人欺负你了？快告诉我！"

小伙伴一边抹眼泪一边点头。原来那个小伙伴和人打赌输了，就想要赖，别人不干，就上前打了他几下。他觉得很委屈，就找戴高乐告状来了。

戴高乐听罢，怒火丛生，大吼一声："走，找他们算账去！"还顺手抄起一把大斧头。

妈妈闻声赶紧出来拦住他："站住！"

戴高乐说："妈妈你别管，敢欺负我的朋友，我不能不管！"

妈妈把他的小伙伴叫进屋，一边给他擦眼泪，一边安慰道："还疼吗？要不要吃点药？"

在一旁的戴高乐却道："男子汉，疼也不能哭鼻子！报仇才是重要的！"

妈妈转身拍了拍戴高乐的肩，很是赞赏地说："看，我的儿子多仗义，见了朋友受欺负，就能挺身而出，真是一个勇敢的男子汉！"

戴高乐听了妈妈的夸奖，很是高兴，拉着小伙伴的手说："别哭了，一会儿我就打得他们落花流水！咱们走！"

"慢！"母亲拦住戴高乐，"去，孩子，把你父亲的猎枪拿来！"

"猎枪？要猎枪干什么？"戴高乐不解地问。

"妈妈和你们一起去！不仅要报今天的仇，还要把原先所有欺负过我们的人，比如镇上的那个卖肉的屠

人物博览馆

戴高乐：法国军事家、政治家，1958年担任法兰西第五共和国第1任总统。戴高乐总统在外交领域政绩突出，他制定泛欧洲外交政策，竭力减少美国和英国在欧洲的影响，促使法国退出北约，在欧洲大国中率先承认中华人民共和国。

知识万花筒

圣西尔军校：又称圣西尔军事专科学校，法国最重要的军校，是一所可与美国陆军西点军校、英国桑赫斯特军事学院相提并论的古老的名牌军事学府。该校由拿破仑创立于1803年，初名帝国军事专科学校。

户、理发的美发师，还有曾经惩罚过你的那个体育老师统统干掉！”妈妈故意大声地说。

“啊？妈妈，你是不是疯了！这怎么可以！那是要闯大祸的！”戴高乐一听妈妈这么说，急了，赶紧劝说妈妈。

“不！我有一个无比勇敢的儿子，他不能有一个懦弱的妈妈！”妈妈说得理直气壮。

“那样不行的，妈妈。和我有矛盾的人很多，那要杀死多少人？而且即使今天杀了很多，以后呢？再有人得罪了我怎么办？”戴高乐焦急地问妈妈。

妈妈终于松了一口气。她笑着说：“哎呀，瞧，我真是糊涂了，怎么就没想到这些呢？儿子，难道勇敢不等于蛮干吗？”

“当然不是的！蛮干……”戴高乐说到这儿，猛然醒悟，一向理智的妈妈故意这样做，是在让自己警醒啊！“妈妈，我明白您的意思了。”戴高乐扔下斧头，不好意思地垂下头。

“好孩子，这才对啊！勇敢固然是难能可贵的，但比它更难能可贵的是理智；在理智基础上的勇敢，才是真正的勇敢。否则，凭一时冲动，凭哥儿们义气，不分青红皂白，不分正义与邪恶，就去打打杀杀，那是在蛮干啊！”妈妈接着说。

“冷静理智地分析一下，为了正义的、美好的事情而勇敢，即便是付出再多，也是值得的！而为了一些鸡毛蒜皮的小事去蛮干，只能让人耻笑啊！”妈妈语重心长地告诉戴高乐。

听了妈妈的话，戴高乐仿佛一下子长大了！

是的，你在培养自己的勇气的同时，更应该注意的另一个问题就是切不要矫枉过正，如只是为了勇敢而勇敢。极端的做法，只会导致极端的后果——蛮干！

而缺乏理性的勇敢就是蛮干，它甚至比懦弱还要可怕！尤其是在你的世界观还未形成，对是非标准还很模糊的时候。因此，在父母的正确引导下学会如何勇敢就显得尤为重要了。

戴高乐将军母亲的关于勇敢与蛮干的教育，让戴高乐受益无穷。

1968年，法国发生民变，巴黎的学生、市民走上街头，要求当时任总统的戴高乐下台。戴高乐异常懊恼，他愤怒地来到德国的巴登。当时法军驻德司令部就设在那里，而那个司令正是他儿时的伙伴。

戴高乐要求驻德法军司令带兵回巴黎平息民变。但戴高乐的两次要求都遭到那位驻德法军司令的拒绝，还劝说戴高乐放弃这个命令："你忘了咱们小时候的那件事了吗？当时你妈妈是怎么告诫咱们的？"

戴高乐恍然大悟，后来戴高乐非常感谢那位司令，称颂那位司令勇敢地拒绝执行他的命令。他还写信给那位司令的妻子，说是上帝在他无能为力时让他来到巴登，又是上帝让他碰到那位司令。不然，他就可能是历史的罪人了。

当然，戴高乐最感谢的还是自己的母亲！

勇敢的定义只有一个，但勇敢的表现却可能多种多样。至于驻德法军的那位司令，敢于拒绝执行当时作为法国总统的戴高乐的有违民意、有违民主原则和精神的命令，就更难能可贵。他和戴高乐一样勇敢！

因此，你在鼓励自己成为一个勇敢的孩子的同时，还要清楚和明白，勇敢还有一个是与非的前提。不分是非的、没有理性的勇敢是一种可怕的勇敢，也是一种愚蠢的勇敢，更是一种不受欢迎的勇敢。

而坚持真理，敢于同谬误对抗的勇敢——理性的勇敢才是最值得称道的！

知识万花筒

法国（France）：全称为法兰西共和国，现在是法兰西第五共和国。法国是西欧面积最大的国家，居民共计约6530万，其中城市人口6280万，国内生产总值居世界第6。它与比利时、卢森堡、德国、瑞士、意大利、摩纳哥、安道尔和西班牙接壤，与英国隔英吉利海峡相望。法国在文化、经济、军事和政治诸方面对世界均有重大影响，因而成为联合国安理会常任理事国，对安理会议案拥有否决权。法国比较有名的大学有巴黎高师、巴黎大学、里昂大学等。

阅读小感悟

勇敢不勇敢，不只是一种行为的体现，其中也包含着理性，包含着道义。没有理性的或缺乏理性的勇敢，没有道义的或缺乏道义的勇敢，不一定就是真正的勇敢。

给男孩的建议

当发现自己缺乏勇气、不敢直面挫折、性格怯懦时，你该如何让自己充满勇气呢？

1. 鼓励自己走向社会

你可以经常到公园里去玩，并学会向陌生的人问好或问路，从而增强你的勇气和自信；你还可以让父母经常带你去走亲访友，到各地旅游，以开阔你的视野，丰富你的知识。你还应该经常与同龄的小伙伴们一起游戏、交往，参加各种文体活动。这些都会增强你在遇到挫折时的勇气。

2. 鼓励自己多与陌生人接触，大胆说话

在陌生人面前，你可能不喜欢多说话，更不善于争辩。这时，你就应该在父母的帮助下，多为自己创造条件，为自己提供大胆讲话的机会。比如每当有客人来访时，你会主动与客人接触交流，让客人有目的地发问，一回生，二回熟，这慢慢地就可以改变你的怯懦性格。

此外，你还可以在父母的帮助下，多为自己提供独立思考、表达意见的机会。面对挫折，你应该多问自己："我应该怎么办？"

如果你找到了解决问题的好办法，那你可以适当地了解父母的意见。面对你的积极与努力，如果你说得对，他们一定会给予你适当的奖赏和鼓励，使你更加自信；如果你说得不对，或表达得不准确，他们也多半不会责怪你，而是会指出你为何做得不对。这可以不断地提高你的各种能力，增强你面对挫折时的勇气和自信。

3. 一点一滴地培养自己的独立性

你可以在平时就注意培养自己坚强的毅力和良好的生活习惯，鼓励自己去做力所能及的事情，学会照顾自己。当你遇到困难时，不要指望父母为你一味包办，或帮你解决所有问题，而是应该学会自己想办法解决。

4. 要勇于维护自己的尊严

当你遇到挫折而又受到别人嘲笑时，你要认识到大多数取笑别人的行为是无聊的，不值得理睬。当然，你也不能一味退让，应该在父母的帮助下学会灵活机动地作出恰当的反应，即使是面对挫折也要勇于维护自己的尊严。

年　　月　　日

阅读主题4：下功夫培养自信

自信是成功的起点，是促使你前进的强大力量！

自信心，是在你的成长过程中特别重要的个性品质。自信心建立在你自我意识成熟的基础上，是自主精神的重要内容。自信心强的孩子，不奢求依靠别人的帮助，总会相信自己的力量，确信自己经过努力一定能够取得进步，有所作为。因此，自信心是让你成为英才的必要条件。

第11天：詹姆斯·麦迪逊

经常为自己喝彩

詹姆斯·麦迪逊，于1751年出生于美国南方大种植园主家庭。他少年好学，青年时期即投身于独立战争。曾担任州众议员、州参议员、大陆会议代表、联邦众议员和国务卿。麦迪逊是美国杰出的政治哲学家、美国宪法的奠基人，被称为美国“宪法之父”，其人权主张和三权分立学说至今仍是美国宪法的指导原则。他和杰斐逊共同创建和领导了民主共和党，使美国开始形成了两党政治。他担任总统期间曾领导进行第二次反英战争，保卫了美国的共和制度，为美国赢得彻底独立建立了不

美国独立战争：世界历史上规模最大的一次反对英国殖民的战争，始于1775年4月的莱克星顿枪声。1776年7月4日大陆会议通过了《独立宣言》，宣告了美国的诞生。北美人民艰苦抗争，终于在1783年迫使英国承认美国独立，独立战争结束。

朽功绩。

然而，麦迪逊自小身体柔弱，父母甚至一直担心他会夭折。小麦迪逊也由于身体的原因，在其他小孩面前表现得异常懦弱，但母亲并没有对他感到心灰意冷。

一次，小麦迪逊与母亲到种植园里游玩。经过一个小山坡时，母亲停下来对小麦迪逊说："詹姆斯，我们上山顶玩会怎么样？"

小麦迪逊看了看高高的山顶，嗫嚅道："妈妈，我……我恐怕不行！不是我不想，您瞧我糟糕的身体，我……"小麦迪逊说着说着，眼中已经闪出了泪花。

母亲用手轻柔地抚了抚小麦迪逊的头说："好的，孩子！妈妈知道，知道你是一个男子汉！那我们就到那边山脚采些小花再回家好吗？"

小麦迪逊用他瘦弱的小手抹了一下快要掉下来的眼泪，牵起妈妈的手向山脚走去。

到了山脚下，母亲一边采着美丽的小花，一边指引着小麦迪逊说："詹姆斯，你的前面还有一朵，看——它们多漂亮啊！"

就这样，母亲一边指引着小麦迪逊向山坡的高处采摘花朵，一边尽力用赞扬的言语让小麦迪逊忽略小山的存在。渐渐地他们就已经爬到了半山腰，这时母亲对着跑在前面的小麦迪逊说："詹姆斯，拉妈妈一把，你瞧——"母亲说着，转身用手一指山脚，继续说道："我们不知不觉就已经爬到山腰了，多美啊！我们能够看见很远的地方，詹姆斯，你瞧——那是我们的房子，那是……"

小麦迪逊高兴地说："妈妈，我上来了！我看见了我们家的房子，山下好大一片土地。那是我们家的吗？"

母亲面带微笑地说："是啊，那一大片都是我们家的种植园。你瞧，詹姆斯，你的身体根本不是问题，你已经爬了这么高了，你是多么勇敢的一个小男子汉啊！我们继续爬到山顶怎么样？"

小麦迪逊眼中闪动着兴奋的光芒："是的，妈妈！山顶一定能够看得更远！"说着，他用小手捶了捶自己的胸脯兴奋地说道："妈妈您瞧——我的身

体根本不是问题，我就是男子汉——詹姆斯！”

就这样，小麦迪逊在母亲的赞扬声中一口气爬到了山顶。从此以后，只要有时间，小麦迪逊就会央求母亲带他去爬山。

小麦迪逊的妈妈用这种赞扬小麦迪逊和不断为小麦迪逊喝彩的方法，大大增强了小麦迪逊的自信心，使小麦迪逊的身体强壮起来。

小麦迪逊在母亲逐渐给他树立起来的自信心的驱使下，加上他从小聪慧过人，到12岁就懂得拉丁文、希腊和西班牙语，后又入名师唐纳德·罗勃逊的学校攻读了5年，有了长足的进步。

1769年，他进入新泽西学院攻读法律和政治，为以后从事政治活动打下了基础。麦迪逊求知欲强，且能锲而不舍。当时大学生一般16岁入学，他则因身体虚弱，入学时已满18岁。他决心要在一年内读完两年的课程，于是他抓紧一切时间，刻苦攻读，有时连续几个月每天只睡三四个小时，终于提前一年修完了大学的全部课程，于1771年取得学士学位，并顺利通过律师考试。其后又留校做了大半年神学研究生。

1772年，麦迪逊刚满21岁，父亲就让他挑起管理庄园的担子，但他志不在此，仍抽时间博览群书。当时北美13个殖民地正在开展摆脱英国殖民统治的斗争，有志者纷纷走上争取自由独立的战场。麦迪逊因体弱未能入伍，却走上了另一条为国家独立而奋斗的道路。

1774年12月，年仅23岁的麦迪逊满腔热情地参加了奥林奇县安全和纠察委员会工作。他丰富的法律知识和

知识万花筒

三权分立：三权分立亦称三权分治，是西方资本主义国家的基本政治制度的建制原则。其核心是立法权、行政权和司法权相互独立、互相制衡。三权分立具体到做法上，即行政、司法、立法三大权力分属三个地位相等的不同政府机构，三者互相制衡。最早明确提出“三权分立”设想的是法国的启蒙思想家孟德斯鸠。

阅读小感悟

自信心是一种内在的精神力量，它能鼓舞你克服困难，不断进步。高尔基指出：“只有满怀信心的人，才能在任何地方都把自己沉浸在生活中，并为自己的理想奋斗。”要战胜逆境，最重要的是树立坚定的信心。自信心可以使人藐视困难，战胜邪恶，集中全部智慧和精力去迎接各种挑战。

雄辩才能立即引起了人们的注意。1776年4月，他被选派出席在威廉斯堡举行的弗吉尼亚会议，参加起草《弗吉尼亚宪法》。同年5月，弗吉尼亚宣布脱离英国独立，成为共和州。7月，麦迪逊被选为州众议员，第二年又被选为州参议员，并任州革命行动执行委员会委员。

麦迪逊充满魅力的自信，使他成了大陆会议代表中最年轻的成员。在会议中，他充分施展雄辩才能，支持美国同正在革命的法国结成联盟，保护美国著名政治家本杰明·富兰克林不受反对美法联盟的亲英势力的攻击。他还为解决邦联税收，草拟了《邦联条款》修正案。当时一位法国部长称他为“议会里自信心和判断力最强的人”。

詹姆斯·麦迪逊，正是由于从小在他母亲的喝彩声中学会了为自己喝彩，从而建立起了这种具有超强自信心的性格，这最终使他成为美国历史上的第4任总统——具有独到见解的思想家和“宪法之父”！

你呢，是否会像他一样经常为自己喝彩？

年 月 日

第12天：约翰·肯尼迪

由简到难，切忌速成

自信的建立，不是一朝一夕的。你应该尽量自己动手去做一些力所能及的工作，但切忌速成，而是遵循由简到难、循序渐进的方针，逐步树立起你强大的自信心。

作为孩子，相信你对很多事都跃跃欲试，希望能做出一点超出自己能力的事情。比如，当你可能还够不着自行车的脚蹬时，就想去骑车；从来没有下过水，就想跳进水里游泳。那么，这样的做法对吗？

不要轻率地否认想要试一试自己能力的举动，但也不要轻易地听信别人所说的那些“你做这事还早呢”“太危险了”“这可不能干啊”之类的话，你要对自己的能力有足够的认识和信心。

因为父母爱你，所以他们有时未免会过于紧张，把自己的主观判断强加给你，这样有时可能就会损害到你的自信心，磨灭掉你好奇和冒险的天性。这等于是为你成长的热情泼冷水。

人物博览馆

亚历山大·仲马：小仲马之父，法国19世纪浪漫主义作家。为区别与他同名的儿子，亦称大仲马。大仲马自学成才，一生各种著作达300卷之多，主要以小说和剧作著称于世，其中最著名的是《三个火枪手》(旧称《三剑客》)和《基督山伯爵》。

为了平衡这种矛盾，你不妨在父母的帮助下，循序渐进地去做这些事情。比如，你不会骑车，可以让父母先帮你推着车子，这样你就能踩着脚蹬尽情去体验一下“骑车”的滋味；你想学游泳，不妨让父母为你套上个救生圈，这样你就可以在水中尽情地嬉戏了。

约翰·肯尼迪是美国历史上第一位出生于20世纪的总统。

在就职演说中，肯尼迪号召全美国人民——“斗争！反对人类的共同敌人：苛政、贫困、疾病和战争。这种斗争将不会在一百天内或一千天内结束。但是，让我们开始吧！”

肯尼迪确实开始了：他敦促国会采取“新边疆”计划，抗拒国际社会的威胁，甚至不怕冒着核战争的危险。他为国家的领导阶层带来了现实主义、效率、活力。

1917年5月29日，肯尼迪出生于马萨诸塞州波士顿市郊的布鲁克林。肯尼迪家族的祖先来自爱尔兰，定居美国后迅速成为富翁，在政治上也颇有声望。他的外祖父是波士顿市市长，父亲是驻英国的大使。在家族的9个孩子中肯尼迪排行第二。

童年时期的肯尼迪，在学业上成绩平平，而且有些自卑、懦弱，甚至不敢在陌生人或人多的地方大声说话。母亲为了能够帮助他改掉这一恶习，增强肯尼迪的自信心，想出了一个行之有效的办法。

她要求小肯尼迪每天起床后，在空阔的院子里大声朗读大仲马的小说《三个火枪手》。小肯尼迪的母亲不允许家人去打扰他。直到一个星期后，小肯尼迪已经能非常流畅和响亮地念出小说的内容了，母亲才叫管家站在小肯尼迪的后面，听他念书。

起初，小肯尼迪觉得有些别扭，声音也没有以前响亮了，在母亲的一再鼓励和敦促下，才渐渐地恢复了之前的水平。当小肯尼迪又变得朗诵自如后，母亲将听众增加到了三人，并要求他们在小肯尼迪有精彩的表现时，给予适当的掌声。

就这样，小肯尼迪的母亲逐渐地增加听众人数。一个月后，小肯尼迪已经能够嘹亮地在全家十几人面前朗诵《三个火枪手》了，小肯尼迪的信心也与日俱增。

之后，母亲就带他参加各种交际场合，并要求小肯尼迪在朋友们面前表演各种节目，直到小肯尼迪在任何场合都能信心百倍，说唱自如。

小肯尼迪母亲的这种教育方式，使得他日后受益匪浅。

1946年初，年仅28岁的肯尼迪，在波士顿地区国会众议院议员选举区的民主党的一次初选中，第一次开展他的政治竞选活动。他在这一地区的工人中进行游说、演讲，获得了几乎等于劲敌两倍的选票。11月，他轻松获胜。

1952年他又在竞选中击败了共和党参议员亨利·卡伯特·洛奇，从众议院上升到参议院。作为参议员，肯尼迪履行了他的竞选口号："要为马萨诸塞做更多的事。"

1960年，他径直寻求总统提名，并最终成为了美国历史上最年轻的、第一个有着天主教身份的总统。43岁的肯尼迪总统在就职演说中说："美国的新一代人已经掌权了！不要问你们的国家能为你们做些什么，而要问你们自己能为你们的国家做些什么！"

肯尼迪以他从小培养起来的勇气和自信，一次又一次地向国会提出咨文，阐述"新边疆"计划。他要求制定法律并加速经济发展，减少失业人口，恢复不景气地区的经济，改革税务制度，使城市现代化，合理使用自然资源，改善农民生活，支持教育事业，以及为老人提

肯尼迪家族：肯尼迪家族是从爱尔兰来美国逃荒的移民后裔。家族成员老肯尼迪于1888年生于波士顿，一战结束后投资股票赚了大钱，成为百万富翁，之后涉入政坛，使肯尼迪家族成为受人关注的美国政治世家。肯尼迪家族有一个长久的梦想：总统之梦，这个家族中一定要有人成为美国的总统。

阅读小感悟

当你实现了自己的愿望时，你就会增强一分自信，这将是你在人生道路上的一个有利的起点！

你应该懂得，每个人都应该有梦想、有追求，而积极探索的精神和自信心就是在追求梦想的过程中产生的。如果你有梦想，那你就应该勇往直前，对自己充满信心。

供医疗服务。

在此后的两年里，他面对的是一个保守的国会。但他还是以他的勇气和自信，设法通过了许多新的立法，包括一项互惠贸易条约和支持高等教育的法规，他还采取了诸多措施使国家渡过了1960～1961年经济倒退危机。1963年，他为新《民权法》的实施和削减税收及刺激经济议案的通过进行了艰苦的斗争。此两项议案在他去世后均被定为法律。

肯尼迪还成立了“和平队”，培养了数千名具有远大理想的美国人，其中大部分是青年人，他们被派往世界上不发达的国家工作。

就这样，肯尼迪成了美国乃至世界人民富有智力、活力、魅力以及他所说的“人类最值得钦佩的美德——勇气”的典范。由此可见，循序渐进，切忌急于求成，对一个人的发展有多重要！这是你应该学习和借鉴的。

年 月 日

第13天：威廉·麦金莱

在爱中跨越自卑之山

自卑是横亘在你面前最大的障碍，你必须成功地跨越它，才能攀登到人生的巅峰，才会获得“一览众山小”的骄傲和自豪！当你还是个幼儿的时候，自卑这个神秘的怪物可能就已经跟随着你了，并且还在不断地侵蚀着你的勇气和信心。

你会担心同伴看不起自己，或者存心孤立你；参加考试的时候，你会怀疑自己的能力，总觉得自己不行，虽经努力不懈，成绩还是不能拔尖。于是，你就自暴自弃，任由自卑的阴影笼罩整个天空，慢慢地，你开始变得害怕见到老师，在同学面前也抬不起头来，渐渐地变得不合群。

自卑的孩子就像一只丑小鸭，他不能看到美丽天鹅的未来，只是认为自己是一只什么都很差的小鸭。其实他也有很多优点，可他总是拿着自己的短处去和别人的长处比较，无法看到自己那本来光鲜靓丽的一面。每个人的潜意识里都会有多多少少的自卑存在，不过长期的

一览众山小：“一览众山小”出自杜甫的五律《望岳》。《望岳》是现存杜诗中年代最早的一首。诗人到了泰山脚下，并未登山，故题作“望岳”。该诗描绘了泰山雄伟磅礴的气象，抒发了诗人向往登上绝顶的壮志，表现了一种敢于进取、积极向上的人生态度，极富哲理性。其中尾联“会当凌绝顶，一览众山小”，堪称千古佳句。

自卑心理是一种性格的缺陷，对你的人生将产生巨大的负面影响。

比如，当你步入社会了，你还会无端猜测别人对自己不怀好意，埋怨老师对自己不重视，感叹世态炎凉，社交缺乏勇气，见人就脸红、心跳、惶惶不安，以致回避社交；尤其是当你要承担一定的责任的时候，你更会觉得压力无处不在。面对困难你会觉得无所适从。

自卑是你前进道路上的拦路虎！

自卑会常常在不经意间闯进你的内心世界，控制着你的生活，在你有所决定、有所取舍的时候，向你勒索，敲诈你的勇气与胆略；当你碰到困难的时候，自卑会站在你的背后大声地吓唬你；当你要大踏步向前迈进的时候，自卑会拉住你的衣袖，叫你小心地雷。

一次偶然的挫败就会令你垂头丧气、一蹶不振，将自己的一切全盘否定，你会觉得自己一无是处，窝囊至极，你会掉进自责的漩涡。

自信的孩子胆大，自信的孩子勇敢，自信的孩子坦诚，自信的孩子开朗，自信的孩子乐观，自信的孩子豁达，自信的孩子热情，自信的孩子热爱生活，自信的孩子无所畏惧，自信的孩子快乐，自信的孩子容易接受自己的缺点，自信的孩子较客观，自信的孩子负责任，自信的孩子善于控制自己的情绪，自信的孩子努力接受现实，自信的孩子更富同情心，自信的孩子更具爱的能力，自信的孩子的人际关系更融洽，自信的孩子的人生更精彩！

正因为自信有这些益处，所以，从现在开始，就在父母的爱中努力地培养自信，远离自卑吧！

一位铸铁匠第一次参加家长会，幼儿园的老师对他说：“您的儿子有多动症，在板凳上连3分钟都坐不了，您最好带他去医院看一看。”

回家的路上，儿子问老师都说了些什么，铸铁匠鼻子一酸，差点儿流下泪来。因为全班30个孩子，自己的儿子表现得最差，唯有对他，老师表现出了不屑。然而，他还是告诉儿子：“老师表扬你了，说你原来在板凳上坐不了1分钟，现在能坐3分钟。其他家长都非常羡慕我呢，因为全班只有你进步了。”那

天晚上，儿子破天荒吃了两碗米饭，并且没让母亲喂。

儿子上低年级了。老师对铸铁匠说："这次数学考试，全班50名同学，你儿子排第49名。我们怀疑他智力上有些障碍，您最好带他去医院查一查。"

回去的路上，铸铁匠流下了眼泪。然而，当他回到家里，却对坐在桌前的儿子说："老师对你充满信心。他说了，你并不是一个笨孩子，只要能细心些，会超过你的同桌，这次你的同桌排在第50名。"说这话时，他发现儿子黯淡的眼神一下子充满了光彩，沮丧的脸也一下子舒展开来。他甚至发现，儿子温顺得让他吃惊，好像长大了许多，第二天上学，去得比平时都要早。

儿子上中学了，又一次家长会。铸铁匠坐在儿子的座位上，等着老师点儿子的名字，因为每次家长会，儿子的名字总是在差等生的行列。然而，这次却出乎他的意料——直到结束，都没有听到儿子被点名。他有些不习惯，临别时便去问老师。老师告诉他："按您儿子现在的成绩，考上大学有点危险。"

铸铁匠怀着惊喜的心情走出校门，儿子在等他。一路上他扶着儿子的肩膀，心里有一种说不出的甜蜜。铸铁匠告诉儿子："班主任对你非常满意。他说了，只要你努力，很有希望考上名牌大学。"

高中毕业了。第一批大学录取通知书下达时，学校打电话让儿子到学校去一趟。铸铁匠有一种预感——儿子一定是被某所大学录取了。

儿子从学校回来，把一封印有美国某著名学府录取通知的特快专递交到铸铁匠的手里，然后突然转身跑到

智力（Intelligence）：智力是指人认识、理解客观事物并运用知识、经验等解决问题的能力，如记忆、观察、想象、思考、判断等。它包括以下几个方面：理解、分析、解决问题的能力，抽象思维能力，意念表达能力以及学习能力等。

人物博览馆

威廉·麦金莱：美国第25任总统。他18岁从军，以少校军衔退伍，先后当过律师、县检察官、众议员和州长，1897年当选总统。执政后，他采取提高关税和稳定货币的政策，加上其他措施，使停滞的美国经济有了很大起色。这使他获得了"繁荣总统"的美名。

自己的房间里大哭起来，边哭边说："爸爸，我知道我不是个聪明的孩子。可是，这个世界上只有您能欣赏我……"

这时，铸铁匠悲喜交加，再也按捺不住十几年来凝聚在心中的泪水，任它落在手中的信封上……

这个孩子就是美国第25位总统威廉·麦金莱。

爱——父母无微不至的爱，像威廉·麦金莱的父亲那样无私的爱，能够让你人生的每一步都走得坚实有力，能够让你在自信的怀抱中茁壮成长，远离自卑的阴影！

父母的爱，不但像一缕温暖的阳光，更是帮你建立强大自信心的精神支柱，是帮你驱除无形自卑的灵丹妙药！当你躺在爱的摇篮里时，你会深深感受

到他们关爱的眼神、慈祥的笑容，会倾听到他们鼓励与赞美的话语，更会体会到他们对你那浓浓的爱意！

曾听过一位母亲讲述了她培育孩子的经历：

这个不足月的孩子，出生时太小、太丑、太瘦弱了，犹如一个小涩柿子，只长着一个大鼻子；1岁多了还不会叫爸爸、妈妈，快4岁了还没长出眉毛，7岁了还"蹲"在幼儿园大班里……所以，当初父母对他并没抱多高的期望，只求他能平安、健康、快乐地成长。但是，妈妈发现，他并不傻：他说出的第一句话，是回答人家的问题，说自己"笨"——这说明他不但能听懂人家的问话，而且还能模仿她的话来答复。

由于母亲的鼓励，三四岁时，他给自己设定的未来，竟然是要当地球的"球长"；还没上小学，他就能够背出上百首唐诗，能够随电视里的《跟我学》节目说出一长串标准的英语，虽然他根本不知道那是什么意思；玩的时候，他可以用筷子当指挥棒、用折扇当小提琴、用胡萝卜当话筒，在阳台上给楼下的小朋友开"演唱会"……

也许，在别人看来，这些都不过是小孩子的玩闹，然而，在母亲眼里，这就是特长，这就是希望。看到希望的母亲，马上倾注自己所有的爱，耐心而又及时地引导他，激发他的潜能，终于使他走上了成才的道路。

父母有付出爱的义务——尤其是当你自卑、当你需要建立自信心的时候，所以，你应该学会在父母的爱中战胜自卑、建立信心！

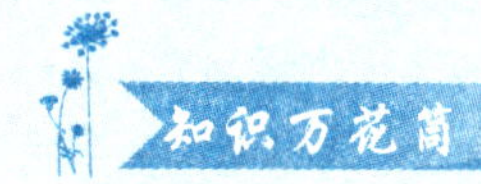

小提琴：小提琴广泛流传于世界各国，是现代管弦乐队弦乐组中最主要的乐器。

小提琴已有300多年的历史，是自17世纪以来西方音乐中最为重要的乐器之一，其制作本身就是一门极为讲究的艺术。小提琴音色优美，接近人声，音域宽广，表现力强，从它诞生那天起，就一直在乐器家族中占有显著的地位。如果说钢琴是"乐器之王"的话，那么小提琴就是"乐器中的王后"。

阅读小感悟

自卑就像蛀虫一样啃噬着你的人格，它是你走向成功的绊脚石，它是快乐生活的拦路虎。只有自信才可以释放你的各种潜能。

给男孩的建议

1. 在独立做事的过程中学会自我教育

自我教育并不等同于自学，它包含了非常广泛的内容：生理、心理、思想、知识、能力等多方面。

林登·约翰逊在独自看守棉花地时，学会了缓解恐惧的途径和方法，并且认识到了勇气与自信的重要性，这对他的一生产生了深远的影响。

2. 在独立做事的过程中学会制订计划

计划，就是要对自己的未来进行设计和谋划。它包括4个阶段：制订计划、执行计划、检查计划、总结计划。

3. 在独立做事的过程中学会组织

学会组织就是要学会组织活动，从而提高自己的组织能力。你们是社会未来的人才，你们中有很多人可能是未来的领导者、管理者。从小锻炼自己的组织能力，将会提高你思维的逻辑性和对事物的判断力。

请求父母让你独立地组织一次自己的生日宴会，这将是一次很好的锻炼机会。

4. 在独立做事的过程中学会自控

你的自我控制能力的强弱，将决定你会不会盲目行事。

你现在是否已经迷上了电子游戏，整天玩游戏呢？如果答案是肯定的，这就是典型的缺乏自我控制能力的表现。

5. 在独立做事的过程中学会听取建议

作为孩子，你的能力有限，有时候并不能独立地完成某件对你来说有难度的事情。所以，在做事的过程中，一定要虚心向父母请教，让他们给你提出相应的建议。记住，一定要认真听取，这一点很重要。

年 月 日

阅读主题5：从小就要学会合群

一个家庭、一个组织、一个民族、一个社会、一个国家等或大或小的团体，构成了我们整个人类的生存体系。单个的人，如果离开了这一生存体系，就会在孤独、寂寞和无助中死去。

当你亲身经历和体验到参加集体活动的快乐时，你就会主动地融入集体，变成一个合群的孩子。

第14天：纳丹
在集体活动中感受快乐

星期六上午，一个叫纳丹的小男孩和兄弟姐妹在离家不远的沙滩上玩耍。

沙滩上有他的一些玩具小汽车、敞篷货车、塑料水桶和一把塑料铲子。不远处，他的几个兄弟姐妹在一起欢快地做着游戏。

小纳丹一个人正在松软的沙堆上修筑“公路”和“隧道”时，发现了一块大石头。

小纳丹开始用铲子挖掘石头周围的沙子，企图把它从泥沙中弄出去。他手脚并用，费了好大的力气，才把

人物博览馆

塞拉潘·纳丹：新加坡的第6任总统，也是第2位民选总统。1999年8月18日，因实力强劲，在无对手有资格挑战的情况下被宣布当选为总统，并在2005年的总统大选中以唯一符合条件的候选人身份再度自动连任总统一职，直至2011年。

石头连推带滚地弄到了沙滩的边缘。这时他发现，自己再也无力把石头向外滚动、翻过沙滩了。

小纳丹下定决心，手脚并用、左摇右晃，一次又一次地向石头发起冲击。可是，每当他刚刚觉得取得了一些进展的时候，石头便滑落了。

小纳丹气得哼哼直叫，使出浑身的力气猛推猛举，但还是无济于事。一不小心，再次滚落的石头砸伤了他的手指，他伤心地哭了起来。

兄弟姐妹们听见哭声，迅速地围了过来。他们小心翼翼安慰他，他最大的哥哥弯腰抱起那块石头扔出了沙滩。

小纳丹这才破涕为笑，他们开始一起在松软的沙堆上修筑“公路”和“隧道”，笑声充满了整个沙滩……

小纳丹的父母从窗户里看见了这一过程，就从房子里走了出来，来到孩子们中间。

母亲来到正埋头认真地做着沙堡的小纳丹跟前，温和地问道："纳丹，刚才你为什么不用上所有的力量呢？"

小纳丹抬起了头，露出了沮丧的表情，回答道："我已经用尽了全力！妈妈，我已经尽力了！我用尽了我所有的力量！"

"不对，儿子！"父亲也走了过来，"你并没有用尽你所有的力量。你没有请求你的兄弟姐妹、我和妈妈的帮助！"

母亲拿出一张纸巾，擦去小纳丹脸上的汗水和沙粒，带着微笑温柔地说道："你哥哥比你大，他能轻易地将石头搬出来。你为什么没想到寻求他的帮助呢？我们家包括你、爸爸、妈妈和你的兄弟姐妹加在一起就是一个小集体、一个小团队。一个人的力量总是有限的，只有大家和睦相处、共同努力才能解决更多、更大的问题。"

小纳丹似乎懂得了母亲的这一番话，站起来和兄弟姐妹手拉着手，唱起欢快的歌，嬉闹着将父母围在了圈子里，灿烂如花的张张笑脸在明媚的阳光下熠熠生辉。

这种来自集体的快乐，在小纳丹的心里比任何语言都来得直接和深刻。

1999年8月18日，纳丹当选新加坡共和国总统，9月1日正式宣誓就职，2005年9月成功连任。

在就职演说中，纳丹说道："父母让我知道到了如何在一个集体里寻找到快乐！今天，我将带领全体新加坡人民——这个大集体一同走向快乐美好的未来！"

知识万花筒

新加坡：新加坡是东南亚的一个岛国。该国位于马来半岛南端，南隔新加坡海峡与印度尼西亚相望，北隔柔佛海峡与马来西亚紧邻，面积共714.3平方公里，2011年人均GDP 50123美元。新加坡公民主要以种族区分，其中华人即汉族占总人口的74.1%，马来人占13.4%。新加坡是全球最为富裕的国家之一，属于新兴的发达国家。该国共有9所公立高等院校，其中新加坡国立大学和南洋理工大学在亚洲颇负盛名。

阅读小感悟

当你一个人无法完成某件事的时候，要懂得寻求集体的帮助！同时，你也是集体中的一员，你也要尽自己的力量来帮助集体中的其他人。只有这样，大家才能和睦相处并使自己获得更多的快乐！

年　　月　　日

第15天：雅克·希拉克

让父母帮助你走出孤僻

不合群的孩子内心常常是极其痛苦的，他们会感到孤独、无助，常郁郁寡欢，进而形成骄纵孤僻、自负自闭、缺乏自信的性格。如果你是这样的孩子，那么，一定要在父母的帮助下努力改变自己。

你要学会在父母的正确引导下，为自己创造一些条件，积极地融入到团体中，因为这对你的一生都会产生积极的影响！

校园里有一群孩子在跳皮筋，他们蹦蹦跳跳，非常开心。但是旁边却站了一个好像与他们不认识的小朋友，他在一旁很认真地看着那些孩子尽情地玩乐。从他的眼神中可以看出，他很想加入那些孩子的队伍，可是那些孩子却没有接纳他。这就是法国前总统希拉克小时候的一次痛苦的遭遇。

1932年11月29日，希拉克出生于法国巴黎科雷兹镇的一个富豪家庭。由于是独生子，他被家人娇生惯养，形成了自负而不可一世的性格，在学校很难被同龄的孩子所接受。

老师在与希拉克的母亲交换了意见之后，建议她与儿子直接谈谈——向他解释周围人士对他的重要性，以及搞好人际关系的意义，其中最关键的是作为母亲，她自己应当最富有热情，想方设法让儿子在谈话时活跃起来。

希拉克的母亲随即制订了一个计划：请儿子一起帮忙策划如何办好社会服

务，帮助孤寡老人，并经常带他到残疾儿童学校去帮助那些行动不便的孩子，让他渐渐学会帮助弱者且从中感受到乐趣。

渐渐地，希拉克就变得不那么自负了，与同学的关系终于缓和了许多，也能尽情地参与他们的游戏了。

与集体融为一体的快乐，使希拉克以优异的成绩通过中学毕业会考，并就读于巴黎政治学院、国立行政学院和美国哈佛大学暑期班。

在著名的巴黎政治学院学习期间，希拉克积极地参加了社会党人组织的“政治社会研究小组”，大学毕业后在装甲兵与骑兵学校服役和学习，融入了越来越大的集体之中——1995至2007年，希拉克任法国总统。

在你与小伙伴们的交往中，也许你会因为性格等原因而被同伴排斥，这样的遭遇是一种痛苦的经历，因为你不合群就等于失去了与同龄伙伴交往的机会。久而久之，就会形成心理上的孤独与寂寞。

而且，因为缺乏与同龄人的交流和沟通，不合群的你常常有着更多的困惑和迷茫，容易形成对社会和自己的不合理看法，产生自负或自卑心理，或者患得患失，而且心理的承受力差，甚至会走向极端。

巴黎政治学院（Sciences Po）：现名巴黎政治大学，创办于1872年。该校被誉为法国社会精英的摇篮，法国70%的政治家、80%的企业管理者，以及几乎所有法语国家的总统、总理都曾是她的学生。如前任总统萨科奇、希拉克，联合国前秘书长加利都毕业于巴黎政治学院。

巴黎政治学院设有9个擅长多学科综合与比较研究的社会科学研究中心，在政治学、社会学、经济学和历史学四大学科领域享有国际盛誉。该校在中国的合作院校目前有北京大学、清华大学、中国人民大学、北京外国语大学、复旦大学、香港大学、香港中文大学、香港浸会大学。

年　　月　　日

第16天：乔治·华盛顿

让家的温暖唤醒你的集体意识

要树立集体意识，你就必须对集体有一个正确的认识！

集体不是简单的个体相加，而是群体发展的高级形式，既有行动一致的目标，还有正确的、统一的舆论，并能使个人的才能和个性在其中得到充分的发展。

我们应该正确看待个人与集体的关系。个人总是集体中的个人，集体总是由个人组成的集体，个人利益与集体利益总是息息相关的。个人只有在集体中，并承担一定的职责、使命，才能使自身价值得以实现；如果脱离了集体，个人就丧失了作为这一集体的成员的资格，就无须承担这一集体的义务，也无权享受这一集体中的成员能够享受的权利。既然集体是由个人组成的，那么，集体对个人就有一种制约的力量，这种力量是必要的。这种似乎外在于个人的力量之所以必要，就在于集体从其自身着想和从其中的大多数成员着想，必须使个人从属于集体，把集体的属性赋予个人，从而才能产生一种不可抗拒的凝聚力，既保证集体的健康、生机勃勃的发展势头，又保证个人的价值、利益得到充分实现。从这个角度上来说，无论是对社会中的个人，还是对于家庭中的个人，集体观念的树立都是非常重要的。

二人同心，其利断金。假如你缺乏集体意识，你就会远离群体，无所成

就。而家是你确立集体意识的最佳场所。

有一个小男孩家境贫寒，但是脾气十分暴躁，生性好斗，总是和别人打架，有时还和哥哥“过招”，而且从不认输。

有一次，他在街上和几个小孩子打架，结果把人打伤了，不得已只得给人赔礼道歉，并付钱给别人看病。回家后，父母严厉地教训了他一顿，但个性倔强的他一气之下离家出走了。

父亲悄悄尾随他来到了一个小镇上。

小孩看到了一座教堂，就走到教堂的走廊下，准备在此过夜。父亲见他有此打算，就悄悄地进入教堂，找到主教说明来意，并如此这般地交代了一番。

第二天一早，主教依照小男孩的父亲的嘱托，来到走廊下，向睡眼惺忪的小男孩问道：“孩子，我在这个镇上没见过你，你从哪儿来？”

小男孩说：“我来自一个离这不远的小镇。”

主教说：“你为什么来这里？”

小男孩犹豫了一下，说出了事情的经过。

主教听了之后，微微点了一下头，说：“那么你愿意和我谈谈吗？”

小男孩根本不知道自己要去哪里，所以就说：“那么您能给我一些吃的吗？”

主教笑着说：“当然可以，你跟我来。”

于是，小男孩跟着主教进了教堂，主教给他拿来一些糕点。小男孩吃完后问主教：“您要跟我谈什么？”

主教先是一怔，然后笑着问他：“你有什么理想？”

舆论：即公众的意见或言论。舆，本义为车、轿，后引申为形容词义，作“众、多”解。“舆论”即“舆人之论”，意为“众人的议论”。

二人同心，其利断金：语出《周易》，全句为“二人同心，其利断金；同心之言，其臭如兰”。大意为两人齐心协力办事，犹如利刃可以切断金属，无往而不利；心意相同的言语，气味如同兰草一样芬芳。此语常指君臣同心协力，无往不利。后泛指团结一致，力量无穷；也指友谊深厚。

小男孩说："我想当一名出色的军官！"

主教说："那么你需要一个能帮助你的集体！"

小男孩问道："靠我自己不行吗？我很有力量！"小男孩说着，狠狠地挥舞了一下他的手臂。

主教说："每一位出色的军官，都必须有一群出色的士兵才行！而那位出色的军官在小的时候又必须有一个能帮助他的集体，长大了才能成为一名真正出色的军官！"

小男孩迫不及待地问道："那个集体在哪儿？我这就去找它！"

主教说："你现在往回走，在路上遇到人家，如果敲门不超过3下就有人为你开门，那户人家就是能帮你的集体。只要你能融入那个集体，就一定能实现你的理想。"

小男孩听后很高兴，仿佛抓到了一条希望的绳索。他兴冲冲地离开了教堂，向家的方向走去。

中途他路过另一个小镇。此时天色已晚，他去敲一家农户的门。他敲了3下，没人开门，他又敲了几下，只听里面的人问："是谁呀？"他没有回答就走了。

小男孩又来到另一户人家门口，他敲了3下，仍然没人给他开门，又敲几下，里面的人才慢吞吞地回答："已经睡了，明天再来吧！"

小男孩心里有些失望，可却不死心，于是他又来到一家商铺门口，心想这家是做生意的，他一定会很快开门的。不料他敲了5下，里面的人才说："你要什么东西？"小男孩已经心灰意冷，没有回答里面的人，便离开了这里。

小男孩怀着期望又犹豫的心情又试了几家，情况和以前的差不多，没有一户人家在他还没有敲完3下就把门打开的。他失望、生气，并开始对主教的话产生怀疑，他绝望地向自己家走去，半夜才赶到。小男孩怀着不安的心情举起了手，他在想如何去面对父母。犹豫了一会儿，还是敲响了门。当他正想敲第二下的时候，门突然开了，他看到了父亲那张憔悴的脸庞。父亲的眼睛微微有些湿润，一把将小男孩搂在怀中，说："孩子，你终于回来了！"

这时，听到声音的母亲焦急地问道：“是儿子回来了吗？”

“是的，快过来看看咱们的儿子！”父亲高兴地回答道。

借着灯光，小男孩看到父亲和母亲憔悴的脸。此时的小男孩刹那间想起了主教的话，他什么都明白了。

从此以后，小男孩不再脾气暴躁、不可一世。渐渐地，他意识到自己一个人的力量总是有限的，他不但离不开家这个集体，更离不开国家这个大集体。这个小男孩就是美国历史上后来赫赫有名的军队统帅、总统——乔治·华盛顿！

阅读小感悟

集体意识是一个人融入集体的内在动力，而唯有当你明白了集体的概念和价值之后，你才能够正视它，你才会将它视为取之不尽、用之不竭的资源，你才会变得越来越强大！

给男孩的建议

不管你愿不愿意，都必须承认，这是一个个性张扬的时代，大多时候人们都在标榜自己。没错，我们不能随波逐流，每个人都应该有主见和自己的生活方式。这些别人不该也无法干预。但是，当我们处于一个集体的时候，当我们的个性与集体不协调的时候，我们该怎么办？是坚持自己的个性呢，还是该融入集体？答案当然是融入集体。

那么，怎样才能让自己合群，或者说顺利地融入体体之中呢？以下是一些行之有效的方法：

1. 改变以自我为中心的想法，培养群体意识

你要懂得，社会是个大课堂，个人的行为应该符合社会准则，不能总是以自我为中心，应该把自己视为群体中的普通一员，即使你有优越的条件。

2. 多为自己创造与人交往的机会

你可以邀请邻居或朋友家的小伙伴到家里玩，让他们和你分享那些父母买给你的、你非常喜欢的玩具。你还可以跟随父母到各地参观、游览，多接触他人。同时，你还应该多向父母请教一些必要的待人处事的方法，并努力将其学会。

3. 培养关心他人的美德

如果你感到自己似乎不是很合群，那么就要注意培养自己同情他人、关心他人的品德，使自己能被其他小伙伴所接受，进而被他们接纳为团体中的一员。

4. 摆正个人与集体的关系

一个人离不开集体，正像一滴水离不开浩瀚的江河大海，否则便会干涸一样。一滴水的寿命是短暂的，但当它汇入海洋并与之融为一体的时候，它就会获得永生；一片雪花微不足道，然而，它“分才一毛轻，聚成千钧重”；一粒石子固然渺小，但“高山不择细土，故而能成其高”。一个人又何尝不是如此呢？如果我们离开了所生活的集体，离开了朋友、同学，离开了家庭，我们的生活将失去阳光。

年 月 日

跟我来阅读

阅读主题6：
专注地做好每一件事

每一个人都有好奇心，而且，年龄越小，好奇心越强。好奇心既是人们分散注意力的主要因素，又是人们对某事专注的开始。所以，如何让自己把兴趣和好奇心集中到有意义的事上，是你专注地做好某件事情的基础。

第17天：约翰·泰勒
养成专注的做事风格

1790年，泰勒出生于弗吉尼亚。他的父亲是杰斐逊的朋友和信徒。泰勒所受的教育使他笃信，对联邦政府的权力必须严格地或详细地加以解释。他的这个信念从来没有动摇过。然而泰勒小时候不要说终身笃信一个理念，就是对学习都无法集中他的全部注意力。

泰勒八年级的时候，学习成绩一直位居全班下游，为此他十分自卑。但泰勒对体育有着不一般的兴趣，成绩也不错，特别是短跑，成绩一直名列全年级之首。

人物博览馆

托马斯·杰斐逊：美国政治家、思想家、哲学家、科学家、教育家，第三任美国总统。他是美国独立战争期间的主要领导人之一，1776年，他和约翰·亚当斯和本杰明·富兰克林等起草了美国《独立宣言》。

泰勒的母亲为了能使泰勒将注意力集中到文化课的学习上，经过与老师沟通，建议泰勒："学校要组织一支田径队，我想你最好参加，我知道那正是你的兴趣所在。一个人在兴趣的引导下，做什么都会很专注，我想你会取得好成绩的。你说呢？"泰勒很高兴地接受了母亲的建议："兴趣能带来专注？专注就会有好成绩吗？"母亲非常肯定地点了点头。

随后，泰勒一心投入体育训练中，体育成绩也飞速提高，且不说学校运动会，在全美国的运动会上他也以优异的成绩而获奖。

于是人们改变了对他的印象，曾经被人们视为不可救药的他，这时却容光焕发，一举成为全校的新闻人物。

老师们也把他看作学校的骄傲，不论上课，还是在其他场合，也都开始对他刮目相看了。

这时的泰勒本身也发生了变化，他开始对学校的生活满怀信心，看到了自己存在的价值。同时，他也意识到自己已被同学们所关注，所以在学习方面，自己也只有努力学习、迎头赶上才行。此时，泰勒开始将注意力集中到文化科目中，而且能够自觉而刻苦地学习了。到了九年级时，他的学习成绩已跃居全班优秀的行列。

泰勒最终以优异的成绩考入了威廉与玛丽学院。后来他开始对法律感兴趣，便又一心一意地将注意力集中到法律上面。

1816年，他进入众议院任职，之后两次担任弗吉尼亚州州长。其后，作为一名参议员，他虽不乐意，但也勉强地支持安德鲁·杰克逊竞选总统。可是他认为杰克逊的许多做法和措施都是不符合《宪法》的。

1836年，弗吉尼亚立法机关要求他投票取消弹劾杰克逊，泰勒因拒绝执行这项决议而辞去参议员的职务。在弗吉尼亚政界，他是一个名义上的辉格党人。尽管他不同意时任国务卿亨利·克莱的国家主义纲领，但他仍是克莱的挚友。

辉格党人于1840年提名泰勒为副总统候选人，希望他的名字能够吸引那些不能忍受杰克逊式民主的南方州权主义选民的选票。他们的口号"蒂普卡努

（指哈里森将军）加泰勒”带有国家主义和南方地方主义的色彩。

泰勒经过不懈的努力，终于赢得了副总统的职位，并在哈里森任总统一个月就因肺炎去世后，随即接任总统职位。尽管泰勒同辉格党人所控制的国会之间有争论，但泰勒集中注意力做一件事的风格，还是让国会制定了相当多的有积极意义的法律。使西部人感到高兴的是，总统于1841年签署了《小木屋法案》，执政结束时，使德克萨斯并入了美国。

对朋友来说，泰勒总统是一位有吸引力的人物：“在他与所有人的正式交往中，无论别人职位高低，他都能平易近人，以礼相待，乐于助人……他中等身材，偏瘦一点，脸刮得很干净，头发疏软。他淡蓝色的眼睛很敏锐……特别是他专注的做事风格，使他总能将自己和周围的人的注意力都集中到重要的事情上来！”

泰勒从兴趣开始培养出来的这一专注的做事风格，不但使他赢得了总统职位，更让他赢得了美国民众的敬重。

兴趣是一个人集中注意力的重要因素。对任何事都漠不关心，不但会使你在无意中失去很多学习有用知识的机会，更无法让你专注地去做好很多重要的事情，以致一事无成。

因此，你不妨从自己的兴趣入手，将自己的注意力集中到重要的事情上来，这将对你未来的成功起到不可估量的推动作用！

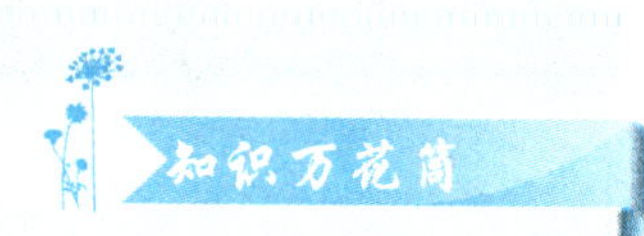

威廉与玛丽学院：1693年成立的威廉与玛丽学院是美国继哈佛大学后的第二所高等学府。威廉与玛丽学院最引以为豪的是曾经培养了五位美国总统——乔治·华盛顿、托马斯·杰斐逊、詹姆斯·门罗、约翰·泰勒、沃伦·哈定，另外还有四位联邦高等法院大法官，著名的教育先驱、MIT（麻省理工学院）的创始人威廉·巴敦·罗杰斯也曾就读于该校。在该校的众多校友中，最杰出的当属美国的“国父”乔治·华盛顿和《独立宣言》的起草人托马斯·杰斐逊。作为“国父”的母校，威廉与玛丽学院也被称作美国的母校。

年　　月　　日

第18天：詹姆斯·波尔克

在专注中提高效率

在专注中提高效率，是一个人成就事业的开始！那些聪明的人都是通过在短时间内做更多、更有意义的事来提高效率的。因为人的生命毕竟是有限的，不能无限期地让你去做任何你想做的事。所以，在专注中提高自己的做事效率，是你将来能够成就一番事业的保证！

詹姆斯·波尔克是历届美国总统之中政绩最为卓著者之一。1844年，他提出了一个雄鹰展翅般的扩张主义纲领，并藉此参加竞选，到1849年他离开白宫时，美国的星条旗已经飘扬在从圣迭戈海湾到普吉特海峡一线的上空。

波尔克是第一位人们常说的“黑马”总统（即在总统竞选中出乎意料的获胜者）。其实他担任众议院议长达4年之久，并不像他的对手辉格党人所希望的那样是个默默无闻的人物。波尔克是在白宫任职的最后一位杰克逊派人物，同时也是林肯总统之前最后一位强有力的总统。

波尔克为什么能完成如此伟大的事业呢？这与他小时候所受的教育息息相关——在他很小的时候就从父母那里认识到了提高办事效率的重要性。

1795年，波尔克生于北卡罗莱纳州的一个农民家庭。1806年，全家迁往田纳西州。

波尔克从小身体单薄，干不了什么农活。在收获棉花的季节，他因为自己

无法帮助父母摘取更多的棉花而整日苦恼不已。

一天，母亲对愁眉不展的波尔克说："孩子，我们都知道你已经尽力了，用不着内疚的！"

波尔克对母亲说："我摘的棉花总是没有别的孩子多，并且我不能在太阳底下坚持更长的时间，我的身体受不了！"

母亲安慰道："波尔克，我的好孩子，这不怪你！你不能到棉花地干活，可以多看些书，那也是挺好的！"

波尔克倔强地道："不！妈妈，我想跟别的孩子摘得一样多！可我又不能在棉花地里待的时间跟别的孩子一样长！"

母亲看着波尔克认真的表情，流露出爱怜的神情："孩子，要摘更多的棉花不一定要在棉花地里待更长的时间，你可以提高你摘棉花的速度，这样你就可以在短时间内摘得更多的棉花了，甚至可能比别的孩子还要多。"

波尔克流露出兴奋的表情，问道："妈妈，真的可以吗？"

"当然可以，孩子！只要提高了摘棉花的技术，你的效率就会提高，也就能在较短的时间内摘得更多的棉花了。明天我就让你去跟'杰克老人'学摘棉花，他可是我们镇摘棉花技术最棒的！"母亲回答。

波尔克兴奋得一跃而起，高声地嚷道："妈妈，太棒了！我一定会好好学的！"

就这样，波尔克天天跟着"杰克老人"学习摘棉花

知识万花筒

众议院（House of Representatives）：即西方两院制国家议会的下议院。美国众议院为美国国会两院之一，另一院为参议院。众议院一般被认为较参议院更具党派色彩。美国《宪法》第一条规定，众议院席位之分配以各州人口数为基础，以每十年举行一次的人口普查为依据，但各州至少要有一名代表。众议院中拥有最多数席位的政党称之为多数党，次多者为少数党。议长、委员会主席与其他院内职位通常由多数党议员担任。

田纳西州：位于美国南部，东起北卡罗莱纳州的阿巴拉契亚山脉，西止密苏里州和阿肯色州东部的密西西比河，首府为纳什维尔。美国乡村音乐的中心孟菲斯就坐落于该州。田纳西州属于亚热带季风性湿润气候。

的技术。对摘棉花很专注和勤奋好学的波尔克经常得到“杰克老人”的夸赞。不久，波尔克一上午摘的棉花就比别的孩子花一整天时间摘得还要多的。

从此，波尔克将“效率”这个词深深地刻在脑海里，并且灵活地运用到了他的学习中。1818年，波尔克充分运用他的“效率学”，最终以全校最优异的成绩从北卡罗莱纳大学毕业。

波尔克作为一名年轻的律师进入政界，并最终于1844年成为民主党提名的副总统的主要竞选人。后来，由于情况发生了变化，波尔克变得野心勃勃。可望获得民主党提名的范·布伦和即将赢得辉格党提名的克莱，都宣布他们反对兼并德克萨斯，以缓和关于扩张问题的争端。而波尔克恰恰相反，他公开主张德克萨斯应“重新并入”美国，应“重新占领”整个俄勒冈。

为了提高竞选效率，波尔克召集了他在政界的朋友开会，建议他们选择一

个有志献身国家的候选人。在民主党的大会上，当许多知名的候选人处于相持不下的局面的时候，波尔克则在第9次投票中被提名。

“谁是詹姆斯·波尔克？”辉格党人嘲讽道。杰克逊在一封公开信中回答说：“他是一位办事效率很高的人……他以非凡的能力，包括智力和体力，把机智与判断融为一体。而这正是总统走向成功之路应具备的条件。”

事实上，波尔克之所以能够当选，正是得益于他的专注和一贯的扩张政策。他的这种扩张政策把在南方很受关注的德克萨斯问题，同在北方很有吸引力的俄勒冈问题联系在了一起。而一心一意的专注，则是他胜出的关键！

“我的政府将采取四大措施，”波尔克总统在刚刚宣誓就职后对历史学家乔治·班克罗夫特说，“一是降低关税，二是实行独立的财政制度，三是解决俄勒冈边界问题，最后一条是取得加利福尼亚。”

波尔克因为具有超强的专注性格和办事效率，牢牢地控制了他的内阁和国会中的民主党人，在他的任期结束时，他达到了那4个目标。前两条——《沃尔克关税法》和《独立国库法》均于1846年在国会通过，成为法律。

而另外两条，波尔克在他担任总统的几年里经过不懈的努力，为美国增添了俄勒冈和新墨西哥等大片的土地。

阅读小感悟

对于作为孩子的你来说，因为天性使然，所以你好动，容易被很多新鲜事物吸引，常常这山望着那山高，缺乏长久的耐心和持之以恒的毅力，但三心二意很容易使你功亏一篑！

为了避免这种令人遗憾的事情发生，你应该让自己学会专注于某一件事，这是提高你目前的学习效率，也是将来助你走向成功的一条捷径！

给男孩的建议

你的身上或多或少存在着难以集中注意力或学习效率不高的问题。那么，你怎样才能使自己集中注意力并提高效率呢？下面的几点建议或许对你有所帮助。

1. 不要一刻不停地扑在学习上

学习时间长并不等于你的注意力会集中在学习上，学习效率也不一定高。你必须知道，过重的学习负担不仅不会提高你的学习效率及成绩，反而会造成你的心理障碍，影响你的正常学习。所以，你在了解和清楚了自己的学习规律之后，要尽量处理好学与玩的关系。

2. 在实践中学习

在实践中获得的知识，能让你牢记在心，而为应付考试而死记硬背下来的信息，大多很快就会被你忘得一干二净。因为只有经过理性思考所得来的知识才有可能保存得更长久。

3. 营造温馨的学习环境

你应尽量为自己创造一个良好的学习环境，保证自己能全身心地投入学习。

4. 有意识地改善自己最薄弱的一面

你必须明白，“金无足赤，人无完人”。只有直面自己的不足，扬长避短，才能增加你成功的砝码。

5. 适当寻求帮助

适当寻求他人的帮助，绝对不是一件丢人的事。大多数取得成功的人，也都会在适当的时候寻求他人的帮助。

如果你在学习或其他方面遇到了困难，在必要时可以请父母为你聘请专门的家教，为你指点迷津。当然，在你学习的过程中，你要尽量避免父母或者家教的帮助超出你的需求范围，否则你会产生依赖心理。

年 月 日

跟我来阅读

阅读主题7：让自己成为顾全大局的人

小时候你一定听过这样一个故事：一只小猴子，在路上捡到不少东西。可惜它捡一样丢一样，最后，小猴子为了捡一粒芝麻，竟然放弃了已经到手的西瓜。

对于一个人来说，捡了芝麻却丢了西瓜的做法，会使你变得平庸，碌碌无为。如果你能够从小就学会在适当的时候、适当的场合放弃一些东西，那么你必然会拥有一个灿烂的明天！

第19天：詹姆斯·门罗

懂得放弃，才能拥有更多

人只有两只手，不可能西瓜、芝麻同时捡。有时，为了西瓜，你必须要把芝麻舍弃——懂得放弃的人，必是能顾全大局的人！

任何事情，都有轻重缓急之分，而大局是最重要的，因为它更具决定性。

一个人不能只考虑自己，与家庭、学校、社会和国家利益相比，个人利益是微不足道的。因此当个人利益与集体利益发生冲突时，你最好有选择地放弃个人利益。这就叫顾全大局。

人物博览馆

詹姆斯·门罗：美国第5任总统。1816年，门罗以绝对优势当选总统，1820年又以极大优势连任。1823年在向国会提出的国情咨文中，他提出“美洲是美洲人的美洲”，旨在反对任何欧洲国家干涉美洲事务，这就是人们所熟知的“门罗主义”。

顾全大局，不是妥协，不是随波逐流，更不是懦弱！

以大局为重，是让你学会该放弃什么，知道什么才是你人生中最重要的东西！有所失去，也必然会收获更多！

詹姆斯·门罗是美国“弗吉尼亚朝代”的最后一位总统。

作为总统，詹姆斯·门罗具有丰富的从政经验和治国才能。他的理解能力和判断力超强，懂得什么时候应该果断放弃！

门罗在许多方面还保留老一辈的遗风，在年轻的美国向着平民时代迈进之时，他仍旧穿着马裤。门罗是在那激动人心的年代里当选为总统的。那时，美国正迅速占有阿巴拉契亚山脉以外的肥沃的河谷地带，并且开始在整个西半球担负起它的职责。

门罗虽然没有处理好国内奴隶制问题的激烈争吵，但是他确实给美国留下了一项基本政策——美洲不允许由外来者开发。这项政策就是著名的“门罗主义”。

门罗在弗吉尼亚州的弗雷德里克斯堡当律师时，在他的律师办公室里有许多名人名言录，其中被门罗视为座右铭的便是：“只有懂得放弃的人，才能拥有更多！”

门罗曾说：“这句名言左右着我的一生。它是我父亲留给我的最宝贵的遗产——在我6岁时，他就教会了我‘放弃’的重要性，它是我一生的行动指南！”

1758年，门罗生于弗吉尼亚州的威斯特摩兰县。

6岁时的小门罗沉迷于弹子球游戏，而且一玩起来经常就忘了吃饭的时间。父母几次严厉的说教都没有让小门罗从痴迷中走出来。

父亲给小门罗买了许多有趣的小玩具来转移他的注意力，但很遗憾，那些玩具依然没有引起他的兴趣。父亲没有办法，准备与小门罗进行一次“正式”的谈话。在街角一堆玩弹子球的孩童中找到门罗后，父亲将他领回了家，并让小门罗坐在了他的对面。

就这样静静地坐了几分钟后，父亲问道：“詹姆斯，弹子球给你带来了什么？”

小门罗沉默了一会儿，回答道：“快乐！”

父亲紧接着又问道：“你在这种‘快乐’中学到了什么？”

小门罗沉默了，不知道该如何回答父亲的问题。

父亲停了一会儿，然后说道：“詹姆斯，让人快乐的方式有很多，弹子球带给你的只是极小的一种快乐。但还有一些可以让你一生幸福的快乐，我们为什么不去寻找那样的快乐呢？”

随后，小门罗的父亲给他列举了很多寻求快乐的方式，比如爬山可以见到美丽的花草，读书可以知道许多别人不知道的事情，到农场去能听到农夫精彩的故事，等等。

最后，他的父亲将一张写有“只有懂得放弃的人，才能拥有更多”的纸条交给小门罗，让他贴到房间里起床就能看见的地方。

经过这次谈话之后，小门罗的父亲再也没有去干涉过小门罗的爱好了。虽然小门罗还会去玩弹子球，但渐渐地他也在其他事情上找到了乐趣所在。随着年龄的增长，小门罗对知识产生了浓厚的兴趣，并考入了威廉与玛丽学院。可他依然遵循着父亲给予他的准则——不被那些与学习无关的东西诱惑，该放弃的就坚决放弃！

在美国独立战争期间，他毅然放弃学业，义无反顾地参加了大陆军，并且在军中作战勇敢，表现突出，还在特伦顿战役中负过伤。

后来，门罗审时度势，毅然结束了军旅生涯，积极

知识万花筒

弗吉尼亚朝代：历史上，弗吉尼亚州共诞生了8位美国总统。美国建国之初的第1任、第3任、第4任、第5任总统（分别为华盛顿、杰斐逊、麦迪逊、门罗）都来自弗吉尼亚州。从1789年华盛顿成为美国首任总统到1825年门罗卸任，在美国奠基之初的36年间，除了来自马萨诸塞州的亚当斯担任了4年总统之外，美国一直由弗吉尼亚人领导。历史学家将这一历史时期称为“弗吉尼亚王朝”或“弗吉尼亚朝代”。

阿巴拉契亚山脉：位于美国东部，是北美洲东部的一座山系。南起美国的阿拉巴马州，北至加拿大的纽芬兰和拉布拉多省，全长约2600千米，一般海拔1000～1500米，密契尔山是最高峰，海拔2037米。

地投身于政治活动。作为一个年轻的政治家，他于1790年当选为美国参议院议员。在参议院中，他积极地执行杰斐逊总统的政策。从1794年到1796年，他任驻法公使，对法国的革命事业给予了极大的关注。后来，杰斐逊总统再次派他赴法，在那里他与驻法公使罗伯特 · R · 利文斯顿一起，促成了购买路易斯安那的谈判。

门罗的良师益友杰斐逊在弗吉尼亚州的卢度恩县的奥克希尔为门罗设计了一所房子，在那儿门罗可以在安静的环境中处理国家文件。

1811年，麦迪逊总统任命门罗为国务卿。在1812年的战争中，他还担任过几个月的陆军部部长。雄心和旺盛的精力，再加上总统的支持，使他成为共和党1816年的总统候选人。门罗在联邦党人基本没有反对的情况下获胜，并于1820年在仅有一张选票反对的情况下，再度当选。

身为总统，门罗更懂得该放弃什么——哪怕是自己曾经的主张。他把自己早年的那种地方主义的偏见置于脑后，在任命新部长时，他作出了异乎寻常的有力选择——提名一位南方人约翰 · C · 卡尔霍恩为陆军部部长，并任命一位北方人约翰 · 昆西 · 亚当斯为国务卿。

正是门罗这种勇于放弃的精神，才能使他不计前嫌、任人唯贤和取舍精当，才最终使他的政府具有全国性的权威。门罗还对北部和西部进行了一次友好访问，一直深入到波特兰和底特律。在波士顿，联邦主义报纸《哥伦比亚哨兵报》称他对那里的访问是一个“和睦时期”的信号。这个词引起了社会的热烈反响，并成了门罗总统任职期间的同义词。

不幸的是，这个“和睦时期”未能持久，然而门罗的声誉并没有降低，他仍在继续推行民族主义政策。他虽然反对对《宪法》进行广义的解释，但却又毅然地放弃了这种观点，签署了几项改善国内事业，如为修筑国家公路提供联邦资金的议案。

但是，在民族主义的背后，令人厌恶的地区分裂势头开始出现，而1819年的大恐慌引起的经济萧条又加剧了这种分裂。

1819年，当国会拒绝批准密苏里为美利坚合众国的一个蓄奴州的申请时，那次大萧条无疑越来越使密苏里人民感到失望。纽约的一位众议员修正了议案，提出逐步废除密苏里的奴隶制度，在国会中引起了长达两年之久的激烈辩论，这使门罗注意到地方主义的威胁问题。杰斐逊将此比作“夜晚的一次报火警钟”。

门罗站在南方一边，但是，他懂得放弃，知道顾全大局的重要性，坚持忠于他的总统职务，不去影响国会。克莱通过《密苏里妥协案》解决了这一斗争，把密苏里定为蓄奴州，而把缅因定为自由州，并规定密苏里南部边境的北方和西方领土应作为自由州纳入合众国，门罗就此签署了这项议案。

门罗在担任总统期间，一直坚持勇于放弃、顾全大局的信条，这使他在外交领域作出了重大贡献。他颁布了一项以自己的名字命名的基本政策——“门罗主义”，用来对付欧洲比较守旧的政府，因为这些政府试图援助西班牙，以使西班牙重新获得其原有的殖民地——新建立的拉丁美洲各共和国。

懂得放弃的门罗总统，一生取得了许多辉煌的政绩。放弃使他明白了取舍的意义，更让他体会到了“大局”的重要性！

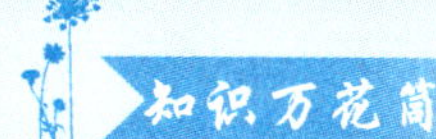

国务卿：美国国务院的行政首长，由总统任命（经参议院同意），并对总统负责，是仅次于正、副总统的高级行政官员，主要负责外交事务。美国国务卿在美国的国家政治事务中有着非同寻常的地位与影响力，在国外也有着很大的影响力，被誉为“美国的脸”。国务卿是美国总统的内阁成员，但是其地位要比普通的内阁部长高，是所有内阁成员中的首席，相当于外长。

阅读小感悟

你的人生也应如此，只有当你学会了如何放弃，才能具备顾全大局的眼光，才会让你最终成为一个像门罗总统那样优秀的精英！

年　　月　　日

第20天：约翰·昆西·亚当斯

什么东西更重要

生活中什么东西更重要?

亲情、友情、爱情、事业、金钱……

答案千差万别，正确地认识这个问题，对你来说非常重要。在你作出选择的过程中，你需要把握的一条最为基本的处事原则，就是一定要顾全大局!

什么事是你应该先做的?什么事会累及大多数人的利益?

假如你能够正确地回答并处理好这些问题，那你必定会成为一个非凡的人!

约翰·昆西·亚当斯，14岁便赴俄国担任美国公使的书记员，此后60多年，他一直为他的国家忘我地贡献着自己的聪明才智和心血。

总统的儿子也当总统，亚当斯是美国有史以来的第一位。他的事业、他的性格和观点在许多方面都和他有名的父亲相似。

1767年出生在马萨诸塞州布伦特里的亚当斯，和他的母亲阿比盖尔·亚当斯一起在他们家农场的一个山顶上目睹了邦克希尔的战斗。

就在那场战斗中，他不仅亲眼看到了战争的残酷，还在母亲的教导下认识到人生中什么才是最重要的——善良、诚实、友善和避免战争。也就是在这个时期，他确定下了一生的奋斗目标——为人类的和平与自由奋斗!

在这样的目标指引下，亚当斯在考进哈佛大学之前随父亲去欧洲时，已成为一名小有成就的语言学家，并勤奋地写过许多文章。他不仅在圣彼得堡公使馆当过秘书，而且还在1783年的“巴黎和谈”的过程中当过秘书。

大学毕业后，亚当斯做了一名律师。他写了维护华盛顿的中立政策的文章，给华盛顿留下了很好的印象，因而在26岁时就被任命为驻海牙公使。老亚当斯当了总统后，又把自己这个天才儿子调到柏林公使馆任职。

1802年，约翰·昆西·亚当斯当选为美国参议员，而且在哈佛大学担任修辞学教授并兼任演讲学教授达数年之久。在担任这两个职务时，他遭到敌视，因为他没有按一个正统的新英格兰联邦主义者的主张去做。

1808年，马萨诸塞州的联邦主义者迫使他离开参议院，不过就在第二年，共和党总统詹姆斯·麦迪逊任命他为驻俄国公使。但是，亚当斯也不严格遵循共和党的立场。他像他的父亲一样，拒绝玩弄政治手腕。

在他结束1812年的战争谈判委员会工作，担任驻大不列颠公使，以及1817年开始在门罗总统手下当国务卿的这些年中，他的这种做法并没有给他带来多大的困难。

他是美国杰出的国务卿之一，同英国达成共同占领俄勒冈的协议，从西班牙人手里得到佛罗里达，并且同总统一起，制定了“门罗主义”政策。

按照19世纪初的政治传统，作为国务卿的亚当斯被认为是总统的政治继承人。但是选举总统的旧方法在强烈要求实行普选的呼声中，于1824年被取消了。

在当时美国唯一的一个党——共和党内，地方主

海牙：荷兰第三大城市，排名在阿姆斯特丹和鹿特丹之后，面积约100平方公里。虽然海牙并不是荷兰的首都（荷兰《宪法》规定首都是阿姆斯特丹），但它是荷兰中央政府的所在地，所有的政府机关与外国使馆都位于此。另外，最高法院和许多组织也都在此办公，所以说海牙是有实无名的首都。

人物博览馆

约翰·昆西·亚当斯：美国第6任总统，美国第2任总统约翰·亚当斯的儿子。他是美国历史上第一位继其父亲之后成为总统的总统。他20岁就成了有名的外交官，曾出使欧洲多年，熟悉欧洲事务。1817年门罗总统上台以后，亚当斯被任命为国务卿，任职8年，曾协助起草《门罗宣言》，解决了与英国的许多纠纷，从西班牙手中取得佛罗里达，他也因此被认为是美国历史上最有成就的国务卿之一。1825年当选总统。

义、派别活动都发展起来，每一派都采取各种手段推选自己的总统候选人。

北部的候选人亚当斯，无论是在普选中还是在选举人的选举中都落在安德鲁·杰克逊将军之后，但是比威廉·H·克劳福特和亨利·克莱得的票数要多。由于没有一个候选人得到半数以上的选举人选票，这次选举由众议院从票数最多的三个人当中裁决。因为克莱所赞成的政治纲领同亚当斯的政纲相似，所以他在众议院中对这位新英格兰人即亚当斯给予了关键性的支持。

亚当斯就任总统后，立刻任命克莱为国务卿。杰克逊和他愤怒的追随者们把这件事称作一笔肮脏的交易，并且立即开始活动，企图在1828年从亚当斯手里夺取总统的职位。

亚当斯为了对付杰克逊派的攻击，也为了自己一贯认定的和平主张，试图以好像政治斗争并不存在似的方式来管理政府。他不仅在内阁中保留了几个自己的政敌，甚至还打算任命杰克逊为陆军部部长。

亚当斯十分清楚他在议会里将面对强大的反对势力，但他在第一份年度咨文中还是宣布了一个洋洋大观的建国纲领。他建议联邦政府将各个地区的公路网、运河连接在一起，建议联邦政府利用出售公有土地的资金来发展和保护国有土地。他还极力主张建立一所全国性的大学，资助科学考察和建立一个天文台，以使美国在艺术和科学的发展等方面处于领先地位。

他指出，在欧洲有130多座天文台——“天空灯塔”，而在美洲却一座也没有。“在地球上，进取精神是普遍存在的。”他提醒国会说，“当那些不如我们幸运的异国在公众事业的发展方面正在大踏步前进的时候，我们难道能够沉睡吗？……那岂不辜负了上帝的恩赐？我们注定永远居于低劣的地位吗？”

作为一个政治家，亚当斯的思想落后于他所处的时代，然而，他在确定政府的任务方面却又超越了他所处的时代。对此，他的政敌对他的建议表示极度反感，他们说这些建议远远超出了《宪法》的界限，连报纸也嘲笑他。但是，1828年，当他为185英里长的切萨皮克—俄亥俄运河铲起第一锹土的时候，他的坚持却博得了人民的赞扬。

在1828年的竞选中，杰克逊派政敌指控他贪污腐化。这次竞选对他来说是一次难以忍受的考验。亚当斯这位矮小、秃顶而又谨慎的知识分子，与那位新奥尔良的英雄（指杰克逊）相比，就显得不那么吸引人了。

竞选失败后，亚当斯回到了马萨诸塞州，希望在他的农场里和书本中安度自己的晚年。出乎意料的是，1830年普利茅斯地区把他选进了众议院。在晚年，他在那里成了一位强有力的领导人。

这位雄辩的老人直到生命的最后时刻还在为正义的事业而斗争。

亚当斯终生奉行着他最初的原则——什么事更重要，就坚决做到底，无关紧要的就干脆放弃，并且矢志不移，最终取得了辉煌的成就！

人的一生——精力、年龄、能力都是有限的！

如果你不能让自己抓住更重要的事情，你就会在一些无关紧要的事情上白白地浪费掉你一生中最为宝贵的东西！

当你明白了什么事情更重要，你就能够更准确地瞄准目标，全力以赴！唯有如此，你才会一击中的！

知识万花筒

联邦政府：联邦政府是指联邦制国家的中央政府。联邦政府通常出现于中央政府对地方掌控力较低的国家，或出现在地方意识较强的国家。和中央集权制相对，联邦制为一种地方分权制，其宪法将绝大多数的政府权力划分给地方，而中央政府只能负责有限的事务，但是中央政府通常都保留对于军事、外交和财政的掌控权。

阅读小感悟

懂得什么事情更重要，不仅是推动你高效率地走向成功的技能，而且也是你赢得喝彩、得到拥护的法宝！而这必然也会大大地增强你的自信和你面对磨难的勇气！

年　　月　　日

第21天：德怀特·艾森豪威尔

站在巨人的肩上

德怀特·艾森豪威尔，作为第二次世界大战在欧洲战场上的胜利方的指挥者，不仅给其总统职务带来了声誉，而且也赢得了民众的热爱和尊敬。

在他的两届总统任职期间，艾森豪威尔一直在为美国人民寻求和平与繁荣。他达成《朝鲜停战协定》，并不懈地为缓和其他国家与美国及其盟国之间的冷战而工作。

离职时，他骄傲地说道："今天，美国是世界上最强大、最有影响和最富饶的国家！"

是什么使艾森豪威尔如此自信？

艾森豪威尔曾对记者说："我的脚下就是巨人的肩膀。它使我比别人站得更高，看得更远，更清楚地认识国际形势并总能在顾全大局的前提下作出正确的判断！"

艾森豪威尔于1890年生于德克萨斯州的丹尼森，在堪萨斯州的阿比林长大。他父亲是一位奶酪制造厂技师。

在艾森豪威尔刚刚学会说话的时候，父亲就给他讲述有关华盛顿总统当年的英勇事迹，这使小艾森豪威尔从小就对华盛顿充满敬意，并发誓要成为华盛顿那样的英雄。因此，艾森豪威尔可谓从小就在父亲的帮助下站在了华盛顿这

位“巨人”的肩上。

在中学时代，年轻的“艾克”（德怀特·艾森豪威尔儿时就有的绰号）擅长踢足球和打棒球。然而，他志不在此，毕业时以优异的成绩考入了著名的西点军校。

在第一次世界大战中，他没能去法国执行任务，但由于他在军中表现突出，升任陆军中校，曾在约翰·珀欣、道格拉斯·麦克阿瑟和沃尔特·克鲁格将军麾下做参谋工作。在这段漫长的和平时期的部队生活中，他一直以华盛顿为榜样，出色地履行了身为一个参谋的职责。

在“珍珠港事件”后不久，乔治·马歇尔将军因为艾森豪威尔对菲律宾的了解，就将他举荐到华盛顿，策划美军在太平洋的行动。

在此期间，艾森豪威尔表现出了突出的组织才能，并且能非常老练地与其他诸兵种打交道，因此，马歇尔任命他统帅在欧洲战场上的美国军队。

由于他具有顾全大局的非凡领导才能，1942年6月到达英国后，很快就被任命为11月间进攻北非的盟军司令。

1944年6月6日，盟军反攻西欧，他成了进攻法国德军的盟军最高司令。他凭借坚韧的意志和杰出外交策略的巧妙结合，成功地指挥了数百万盟军部队，从而赢得了人们对他的信任和拥护。

1944年下半年，艾森豪威尔就被授予“五星上将”衔。这一军衔被国会在1946年定为永久性军衔。

战争快结束时，艾森豪威尔向朋友吐露，他已享够了荣誉，愿意退休去当一个小学院的院长，也许还会干些农活。

知识万花筒

第一次世界大战：简称一战，开始于1914年7月奥匈帝国向塞尔维亚宣战，结束于1918年11月德国投降。一战是一场主要发生在欧洲大陆但最终波及全球的世界大战，当时世界上大多数国家都卷入了这场战争，是欧洲历史上破坏性最强的战争之一。战争过程主要是同盟国（主要成员包括德国、奥匈帝国、奥斯曼土耳其、保加利亚）和协约国（主要成员包括英国、法国、沙皇俄国、塞尔维亚、美国、比利时、中国、日本）之间的战斗，最终以协约国的胜利告终。

人物博览馆

乔治·马歇尔：美国军事家、政治家、外交家，陆军五星上将。他于1901年毕业于弗吉尼亚军校，参加过第一次世界大战。1924年夏到1927年春末，在美军驻天津第15步兵团任主任参谋。1939年任美国陆军参谋长，为美国在二战中的胜利作出了不可磨灭的贡献。1945年退役。后出任美国国务卿和国防部长，以出台“马歇尔计划”闻名。

可是，站在巨人肩膀上的他，却当上了哥伦比亚大学的校长。之后，他又离职担任了北大西洋公约组织部队的最高司令。

不久，共和党的秘密使者来到他在巴黎附近的司令部，极力劝说他去竞选总统。早在1948年，他就曾拒绝过两党知名人士的类似建议。但是，1952年，他同意参加竞选，目的是——确保美国在国际事务中的领导地位。

大多数选民希望艾森豪威尔将军担任总统，认为他能够给他们带来安全。“我喜欢艾克”已成了一个不可抗拒的口号，他彻底击败了竞选对手。

他在第一次就职演说中宣称：“美国人民，实际上，一切自由的人们，在作出最后的抉择时，都要记住，一名士兵的背包并不像一个囚犯的锁链那样沉重。”

就职后，艾森豪威尔决定停止朝鲜战争。1953年夏天，停战协定的签署使得朝鲜半岛获得了和平。

艾森豪威尔担任总统期间取得的重大成就之一，就是他加快了美国大规模公路建设计划的实施，期间共建设了41000英里长的州际新公路。

就像艾森豪威尔自己描述的那样：“这在美国的历史上不仅仅是联邦政府公路修建中最为庞大的事业，也是美国或其他任何国家在和平时期所进行的各类工程中最大的建设工程。”

由于学校开始取消种族隔离措施，艾森豪威尔总统按照1954年最高法院的决定，向阿肯色州的小石城派驻军队，确保联邦法院的命令得到执行。

艾森豪威尔还命令在军队中彻底取消种族隔离措施。1957年，他签署了第一项民权法案，在国会获得通过，这项法案在保护选举权方面给予了联邦政府新的权力。

艾森豪威尔一生都在为美国人民孜孜不倦地奋斗着，他始终以人民的利益为重——站在巨人的肩上，高瞻远瞩，成就非凡！

每一位总统都是平凡的人，虽然他们都做出了不平凡的事。他们都有一个共同的品性——那就是都能够放弃个人的蝇头小利，遇事都以大局为重！

年　月　日

第22天：约翰·肯尼迪

磨刀不误砍柴工

很多有志气的孩子，一旦为自己确立了一个目标，就会迫不及待地全身心投入，除此之外的其他事情，都是“偏离正确方向”的。因为他们认为，这样才是让一切小事情为大局让路，才是顾全大局。

那么，你也是这样认为的吗？实际上，这样的做法并不可取。

就好像爬山一样，最好最快的路线并不是从山脚到山顶的直线，而是弯曲的盘山路。顺着盘山路，爬起来才会更省力，才更容易爬到山顶。

其实，走向成功的道路也是如此。

美国前总统肯尼迪小时候就聪明过人，邻居和亲友们都对他赞不绝口，可是这也养成了他强烈的自尊心，什么事情都想以最快最好的方式马上做好。

一天，肯尼迪一家人到海滩上游玩，浩瀚的大海和美丽的沙滩彻底征服了肯尼迪。父母在沙滩上晒太阳，而他一个人则在旁边玩。他先是在沙滩上乱跑，后来干

磨刀不误砍柴工：本义为磨刀虽花费时间，但不耽误砍柴，多用于比喻事先做好充分准备，才能使工作进程加快。引申义为要办成一件事，不一定要立即着手去做，而是应该先进行筹划，进行可行性论证和步骤安排，做好充分准备，创造有利条件，这样会大大提高办事效率。类似于“工欲善其事，必先利其器”“兵马未动，粮草先行”。

脆把自己埋在沙子里取乐。最后，他抱着一堆瓶瓶罐罐在沙滩上忙活起来，想要盖一座城堡。

父母一边晒太阳，一边看儿子在那里忙来忙去，享受午后沙滩上的美丽时光。可是没过多久，母亲就发现肯尼迪有些不对劲儿。

原来肯尼迪在建城堡的时候，出了一点儿小麻烦。他发现用沙子建的城堡到了一定高度的时候，就很难再增高了，沙子一放上去就会滚落下来。可是这个高度离他心目中的城堡还差很远。

他只有一次又一次地往城堡上堆沙子，可是沙子却好像故意和他作对似的，他一次次放上去，沙子就一次次滑下来，城堡不仅没有增高，有时候流动的沙子反而把原来城堡上的沙子也带了下来。

倔强的肯尼迪并没有放弃，他还是一次又一次地往上放着沙子，但沙子一次次地流下来。到后来，他急得泪水汪汪，可城堡还是没有高出多少。

母亲走过去，关切地问："怎么了，亲爱的？"

肯尼迪委屈地说："妈妈，你看，我都弄了半天了，城堡还是没有建起来。"

母亲看了看儿子做的城堡：从外观上看，确实很漂亮，可是却太过陡峭，松软的沙子当然不能支撑那么重。

"来，我帮你。"母亲拿起小铲子，开始从旁边挖沙子。然后她并没有像小肯尼迪那样直接把沙子垒到城堡顶部，而是把沙子铺在了城堡下。

肯尼迪不解地问："妈妈，城堡不够高，你在下面垒沙子有什么用？"

母亲微笑着回答："等一下你就看出来了。"两人开始不断地给城堡加宽"围墙"，很快，下面新加的沙子已经快到了原来城堡顶部的高度。

母亲鼓励肯尼迪说："现在你再往高处加沙子看看。"

肯尼迪往面积变得大多了的城堡顶上又加了一些沙子，然后用手拍实，果然，沙子这次稳稳地立在了上面，城堡比原来高出了一大截。

"哇！这真是太奇妙了！你是怎么想到的，妈妈？"肯尼迪兴奋地问。

母亲反问道："你的城堡最终要建多高？"

“要有这么高！”肯尼迪一边说一边用手比划着。

母亲说：“你一开始就直接增高的方法虽然快，可是到了一定程度，这种方法就不合适了，所以我们得另外想办法。于是我就在底部多加了些沙子，表面上看起来这些沙子和城堡的高度一点关系也没有，实际上到了最后，它们却起到了重要作用。看起来我们好像走了弯路，做了不少无用功，可是我们这样做，都是为了大局服务的，否则就无法获得成功。为了实现最终的目标，有时候走走弯路又何妨！”

肯尼迪若有所思地看着母亲，说道：“妈妈，我明白了。”

母亲看他好像还是有些疑惑，就继续说：“还记得你图画本上的金字塔吗？”

肯尼迪点点头。

母亲继续说：“金字塔是世界上最伟大的建筑之一，最高的胡夫金字塔有几百尺，相当于几十层楼高。可是在建金字塔的时候也碰到了类似的问题。”

肯尼迪眼睛一亮：“是吗？”

母亲点点头：“是的。当金字塔建到了一定高度的时候，用来建筑金字塔的大石头就再也没办法抬上去了，后来，有人想出了一个办法，在金字塔的一侧修建了一个长数英里的斜坡，人们沿着斜坡把石头拉上去。用来修建斜坡所耗费的人力、物力和财力甚至超过了金字塔本身。”

肯尼迪惊讶地吐了吐舌头。

妈妈接着说：“虽然这些斜坡最后都被拆除了，在

知识万花筒

胡夫金字塔：金字塔遍布于世界各地，其中较著名的有埃及金字塔、玛雅金字塔、阿兹特克金字塔（太阳金字塔、月亮金字塔）等。相关古文明的先民们把金字塔视为重要的纪念性建筑，如陵墓、祭祀地，甚至是寺庙。我们通常所说的金字塔是指古埃及的金字塔，现埃及共发现了96座金字塔，大小不一，其中最著名的也是最高大的是胡夫金字塔。

胡夫金字塔是古埃及国王胡夫的陵墓，建于公元前2690年左右。原高146.5米，因年久风化，现高136.5米；底座每边长230多米；塔身由230万块石头砌成，每块石头平均重2.5吨，有的重达几十吨。如果用火车装运金字塔的石料，大约要用60万节车皮。据说，该金字塔征募了10万人，用了30年的时间才得以建成。

伟大的古埃及历史中并没有留下任何痕迹，可是没有它，就没有举世闻名的金字塔。修建这些斜坡，正是为了造就伟大的金字塔，为了整个大局呀！”

肯尼迪点点头说：“妈妈，这次我全明白了。”

母亲欣慰地看着肯尼迪说：“人生也是如此。为了整个大局，有时候我们必须要做一些看似无用的事情，如果不做这些事情，我们很可能就不能取得最后的成功。”

这次海滨之旅给肯尼迪留下了深刻的印象。上学以后，肯尼迪曾立志成为一名科学家，可是他却非常讨厌数学，一看到那些枯燥无聊的数字和公式就提不起精神来，所以不难想象他的数学成绩有多糟糕。

父亲看到他成绩表上数学那可怜的分数的时候，严肃地问道：“肯尼迪，这是怎么回事？”

肯尼迪振振有词：“反正我的理想是成为一名科学家，这些枯燥的玩意和我的理想一点关系也没有，我为什么要浪费那么多时间在毫无用处的计算上？”

母亲听到这番托词后，问道：“亲爱的，你还记得我们那次在海边堆城堡的事情吗？”

肯尼迪点点头。

母亲继续说：“数学看起来确实作用不大，可是它却是一切科学的基础，就好像我们建城堡时后来堆起来的沙子，也好像建造金字塔时修建的那些用来搬运石块的斜坡。你不是想成为科学家吗？这个目标就好像金字塔顶，没有数学来修筑那条长长的斜坡，又怎么能建成理想的金字塔？顾全大局有时候要不怕做一些琐碎的工作，这个道理你难道忘了吗？”

肯尼迪羞愧地低下了头：“我知道了，妈妈。”

从此以后，肯尼迪开始努力学习数学，很快，他的数学成绩就赶了上去。

许多年过去了，肯尼迪成为美国总统以后回忆说：“虽然我最后并没有如愿成为一名科学家，而是走上了政治道路，但是我所学的知识却深深地植根在脑海里，对我的生活和工作都有很大的帮助。母亲对我顾全大局的教育也一直

影响着我，让我做事情不会太过激进，不会忽略那些看似琐碎但又重要的事情。”

在工作过程中肯尼迪确实是这样做的。在国内政策方面，他反对那些过于激进的做法，而是从全局考虑应该怎么做——他最崇尚的理念就是水到渠成。按照美国的政治习惯，任何一条法令的通过与施行，总是伴随着议员们的争吵和部分民众的不满。可是肯尼迪总统在颁布法令之前往往会先做大量的准备和调查工作，哪怕这些工作十分琐碎，所以当他签署法令的时候，议员们的意见已经基本一致了，民众也有了缓冲的时间，法令施行起来也就容易多了。

在国际上，肯尼迪也不像美国历届总统那样威严四射，而是相对较温和，即使是对一些敌对国家的领导人，他也表现得相当客气。有位议员曾经当面批评他，说他把美国总统的面子都丢光了。肯尼迪却微笑着反问：“请问先生，什么对我们来说是最重要的？美国的利益还是美国总统的面子？美国能得到最大的利益，这才是我们工作的大局；一切都要为这个大局服务，为了这个，别说是总统的面子，付出更大的代价我都愿意。”

阅读小感悟

孩子，你要知道，有的时候，你做事情往往直率而冲动，在追求目标或者理想的时候往往忽略了一些看似平常、无用的事情，殊不知这些事情很可能就是取得成功必不可少的阶梯。

因此，你一定要懂得顾全大局，否则便会欲速而不达。为了最后的成功，你不妨多做些准备工作——磨刀不误砍柴工，这样成功反而会来得更快、更容易。

给男孩的建议

究竟如何做，才能让自己成为像杰出政治家那样以大局为重的人呢？你在培养自己的大局观时，应该注意以下一些问题：

1. 不要在那些无关紧要的事情上驻足

你的注意力有时候是不是会在某些事情上无法转移？比如说，当你在学校就因为一分之差而没得第一名时，你是否便整天无精打采、垂头丧气？

你有没有及时地察觉自己的这一情绪变化呢？如果有，绝不要轻视这种情绪变化。此时的你应该告诉自己：分数不是主要的，重要的是忘记它——甩掉失败的阴影，去迎接新的挑战！

2. 懂得什么事情是更重要的

在同时遇到很多问题时，你是不是很容易手足无措，不知道从何下手？

如果遇到这种情况，你可以主动寻求父母的帮助，让他们及时地给予你指导，与你一起分析各个问题的轻重缓急，帮助你认识到哪个问题才是更重要的，并分析该从哪儿下手，找出突破口。

3. 知道什么样的人才是“巨人”

有时，你可能还无法正确地辨别黑帮教父与英雄的异同，你可能会把你自认为的心目中的“英雄”看作“巨人”，并将其作为你前进的基点。

一定要注意，此时的你应该主动寻求父母的帮助，让他们给你一个明确的答案，或者指出你的对错与否。唯有这样，你才能沿着正确的道路前进！

年　　月　　日

阅读主题8：善于沟通方能走向辉煌

人际交往能力是现代社会人才的一项重要素质指标，是衡量一个人能否适应社会的标志。而多沟通是改善人际关系的主要方法！

所以，从小就为自己搭建起一座沟通与交流的桥梁，会使你在未来的人际交往中得心应手，也必然会使你成为一个受欢迎的人。

第23天：扎卡里·泰勒

克服害羞的性格

谁都不想被孤立，然而有时候当你想和别人接触时，似乎又并非易事。要结交新朋友或维持人际关系，都需要突出的沟通能力。而良好的人际关系又是你进入社会与适应社会必不可少的一个重要条件！

那么，如何做才能使自己具备良好的沟通能力呢？

首先要克服你过于腼腆的性格！

过于腼腆是阻碍你沟通与交流的拦路虎，是你缺乏自信与勇气的表现。当你找出问题的根源时，你才能和他人建立起良好的人际关系，才能成为众人瞩目的焦点。

人物博览馆

扎卡里·泰勒：美国政治家、军事家，第12任总统。这位戎马生涯四十载的将军，曾长期守卫着边疆阵地，拼杀于墨西哥战场。他没有任何政治经历，是19世纪40 年代美国统治阶级扩张的热潮把他推到总统候选人的位置，又以军功赢得竞选而入主白宫。

扎卡里·泰勒因在墨西哥战争中赢得军事胜利而备受赞誉，也因此于1849年入主白宫。作为一位总统，他必须尽力解决那些军事胜利所带来的尖锐的政治问题。

在从墨西哥夺来的大片土地上是否应该实行奴隶制？对此，北方人和南方人的争论相当激烈，一些南方人甚至以脱离联邦相威胁。“精悍的老粗”（扎卡里·泰勒总统的绰号）准备以武力维持联邦的统一，绝不同意分裂。

扎卡里·泰勒总统是一个强硬而充满勇气的政治家。然而令人难以想象的是，这个“精悍的老粗”，小时候却是一个腼腆、害羞的男孩。

1784年，扎卡里·泰勒出生于弗吉尼亚，还在儿时就被父母带到了肯塔基，在一个农场里长大。詹姆斯·麦迪逊（美国第4任总统）和罗伯特·李（美国内战时的南方军队司令）是他的堂兄。

扎卡里·泰勒两腿长得比一般人要短，走起路来像个不倒翁，常常被别人取笑。由于这一缺陷，他自幼便自卑、腼腆而害羞，不敢在别人面前大声说话，甚至和兄弟之间的交流都非常困难。

扎卡里·泰勒的父亲为了克服儿子由于自身缺陷所造成的这一性格，想了一些办法，比如让泰勒每天站在田头大声地念棉花种植的方法与技术，并且让他穿着不合身的老农的衣服和破草帽，还让他双脚朝同一侧骑马到镇上买农用器具等，来锻炼儿子的勇气。

这种小丑一样的打扮使泰勒渐渐地忘记了腿的残疾，因为别人嘲笑的对象开始转移到了他的穿着上了；而泰勒并不在意自己的穿着有什么不对的地方，他反而觉得挺好玩。

就这样，泰勒对自己慢慢有了信心，说话也变得越来越有力度，像一个男子汉的样子了，并赢得了“精悍的老粗”的绰号，而这一绰号一直陪伴了他一生。

当泰勒进入军队，成了一名职业军官的时候，他还是三句话不离本行——棉花种植。他满怀信心地在军队里生活了40年，深受国家主义精神影响。

1808年他接受了正规军的委任，整顿边疆。之后的几十年在印第安纳州的黑鹰之战期间，在佛罗里达同塞米诺尔印第安人和逃亡的黑人奴隶的长期斗争中，他始终驻守边疆。在墨西哥战争中，他巧妙运用进攻战术，赢得了蒙特里和布埃纳维斯塔战役的胜利。

泰勒并非一位举世无双的将军，然而他从青年时代为了克服腼腆的性格所练就的特立独行的行事风格却赢得了部下的普遍拥护。他的部下格兰特（后来成为美国历史上的第18任总统）在评价泰勒时说："无论在面临危险还是承担责任时，没有任何一位军人像他那样沉着、冷静。这种素质比天资聪颖或勇敢更为难得……泰勒将军从不穿制服，他的衣着只是为了舒适。他在指挥战斗时，总是在战场上走来走去，亲自观察战局……骑马时，他常常采取侧骑的姿势——把双脚放在马的一侧，在战场上更是如此，他成了我们的精神领袖！"

扎卡里·泰勒始终头戴破草帽，职位越高，越不讲究衣着。在墨西哥战争中，他是一位将军，但却穿着老农的衣服。泰勒视枪弹如同儿戏，且屡战屡胜。泰勒这些朴素的特质成了他的一种政治财富。美国人很喜欢这个戴草帽、穿条纹布外衣的将军，而不太喜欢像泰勒的竞争者、绰号叫作"老讲究"的温菲尔德·斯科特那样一本正经的军人。

泰勒长期在军队服役的这一经历迎合了北方人的心意；而他又是个农场主，这一点又吸引了南方的选民。他从未当过任何文职官员——无论是通过任命还是通过选举。事实上他对投票从不感兴趣，这一对政治无兴趣

人物博览馆

罗伯特·李：美国军事家。他在美墨战争中表现卓越，在美国南北战争中，他是美国南方邦联军总司令。内战中，他在公牛溪战役、腓特烈斯堡战役及钱瑟勒斯维尔战役中大获全胜。1865年，他在联邦军弹尽粮绝的情况下向格兰特将军投降，内战结束。战后，他积极从事教育事业，任华盛顿大学校长，1870年病逝。

格兰特：全名尤里西斯·辛普森·格兰特，美国军事家，陆军上将，第18任总统。他是美国历史上第一位从西点军校毕业的总统。在美国南北战争后期任联邦军总司令，屡建奇功。

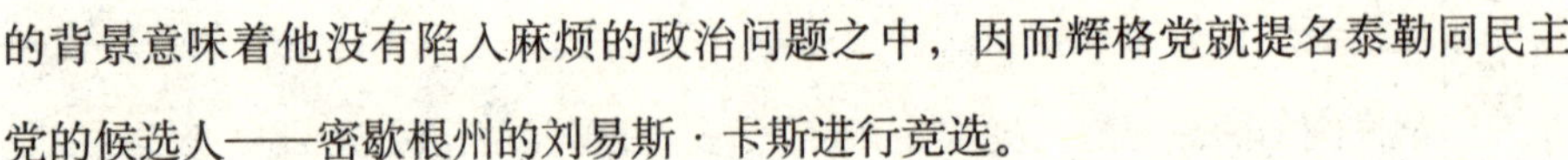

的背景意味着他没有陷入麻烦的政治问题之中，因而辉格党就提名泰勒同民主党的候选人——密歇根州的刘易斯·卡斯进行竞选。

头发总是乱蓬蓬的，常穿着一套故意裁剪得很肥大的黑色呢衣的泰勒，最终赢得了总统职位。

令泰勒的父亲没有想到的是，为了“医治”泰勒的“害羞病”所使用的独特的方法，竟使泰勒一生受益匪浅。

你是一个非常腼腆的孩子吗？害羞的孩子大多逃避社交场合，很少主动与人交往。而如果你发现自己有这样的倾向，却又对此没有形成足够的重视，那么，这种性格迟早会造成严重的问题，它会阻碍你自信心的形成，也会降低你的适应能力。

因此，在这一点上，你千万不可掉以轻心！你应该努力找出自己过于腼腆的原因，并想办法去克服它，从而使自己拥有一个充满阳光的未来！

年　月　日

第24天：约翰·亚当斯

用沟通与交流搭建桥梁

马萨诸塞州贝柯洛尼的布伦特里是一片多石的土地。

1735年，在那片土地的一座古老的房子里出生了一个男婴。父母把他视为掌上明珠，呵护备至。

父母的过分宠爱，使得这个男孩到了13岁的时候，还对父母依赖有加，以至于害怕单独与别的同龄孩子交往，与人说话时也总是磕磕巴巴，表达不清自己的意思。

这时，这个孩子的父母才认识到问题的严重性。为了克服他这种无法与人沟通和交往的弱点，父母有意无意地开始经常带孩子到人多的地方游玩，并且让他参加了演讲培训班。

起初，男孩总是拉着父母的手，畏畏缩缩。父母狠了狠心，把他送到了寄宿学校。

母亲写信告诉他：“孩子，虽然说父母是孩子的拐杖，但总依靠它，一个人又能走多远？社会是一个广阔的天地，生活在其中的每个人都必须经受坎坷和风风雨

人物博览馆

约翰·亚当斯：美国第1任副总统（1789～1797），其后接替乔治·华盛顿成为美国第2任总统（1797～1801）。亚当斯亦是《独立宣言》签署者之一，被美国人视为最重要的开国元勋之一，同华盛顿、杰斐逊和富兰克林齐名。他的长子约翰·昆西·亚当斯后当选为美国第6任总统。1800年11月，在新一届总统大选前夕，老亚当斯完成了一件在美国历史上影响深远的大事——把首都从费城迁至华盛顿，他也成为首位入主白宫的总统。

雨。而要走过这段路程，你必须练就良好的口才，否则你将寸步难行。是做一只依赖母亲的丑小鸭，还是做一只翱翔的雄鹰？你自己决定吧！”

“当然做雄鹰了，让丑小鸭见鬼去吧！不就是口才嘛，我会让你们以我为荣的！”男孩发誓。

渐渐地，男孩不再对父母那么依赖了，还喜欢上了演说和辩论，在培训班里也越来越出众。

后来，男孩考入哈佛大学法律系，并积极地投身于国家事业中。这位哈佛大学教育出来的律师承担了一项“不得人心”的任务——为一位英国军官辩护。他认为指控这位军官对波士顿大屠杀（1770年3月5日，驻波士顿的英军向反对英国驻军的民众开枪，造成伤亡）负有责任是不公正的。面对如此棘手的案件，出于自己作为律师的职责，经过不懈的努力和与相关人士的沟通以后，在法庭上他据理雄辩，最终使英国军官被判无罪释放。

这位律师还在随后支持波士顿骚乱的“茶叶事件”（波士顿居民将英国船上的茶叶倾入海中，以抗议英政府对殖民地进口茶叶的苛税）中充分展现了他的沟通技巧，避免了一次不必要的流血冲突。此次事件被历史学家看作“自从与英国发生争吵以来最伟大的事件”。

这位律师卓越的沟通与交流技巧使他成为第一届和第二届美国大陆会议的最强有力的代表之一。到1776年夏，他成了美国独立运动的一位领导人，同时他也是在争取殖民地权利的长期斗争中的杰出爱国者，是《独立宣言》的主要发起人，美国的第一任副总统和第二任总统。他就是——约翰·亚当斯。

亚当斯是一个博学而又善于思考的精英，精通古典著作和法律。作为政治哲学家，他所表现出的才智比他作为政治家所表现的才智更为卓越。亚当斯曾经这样断言：“人民和民族是在灾难的火焰中锻造出来的。”这无疑是他自己的经验，也是美国强大的经验。

亚当斯善于沟通的才能在独立战争后期成为他走向辉煌的资本。他的这一特性使他在那时的大部分时间里都从事外交工作。他先后在法国、荷兰任职，

并且协助和平条约的谈判。从1785年到1788年，他是驻英国的公使。回国后，他即被选为副总统。

他在英法战争给美国公海的通航造成很大困难，以及美国国内党派之争加剧时接替了华盛顿的总统职位。杰斐逊曾说："正当气泡快胀破的时候，总统幸运地下了台，把包袱扔给了别人。"

亚当斯将新政权的注意力集中于法国，因为法国的统治集团（1795～1799年间统治法国的五人执政团）曾拒绝接待美国的使节，并且中止了与美国的贸易。亚当斯召集特别会议，在会议中指出这种情况实际上就是战争的危机已经到来。他建议武装商船，迅速建立一支海军，必要时还要再征募一支军队。

国会中的共和党人却将这些建议打了折扣，只批准建造3艘快速战舰，必要时可出动8万人的后备部队，并且只武装那些在东印度群岛或地中海开展贸易的商船。

亚当斯派了3名专员去法国，但是在1798年春天却传来这样的消息：如果他们不先送一份丰厚的私礼，法国外交部长塔利兰德和法国统治集团就拒绝同他们协商。亚当斯把这种侮辱行为向国会进行了通报。参议院印发了这份报告，在印件中以X、Y、Z来代替所点到的法国人。

美国顷刻间爆发了杰斐逊所称的"X、Y、Z热潮"，而由于亚当斯的鼓动，这种热潮更加剧了。他指出："在战争和向法国投降之间没有其他的选择。"亚当斯总统不管在什么地方出现，群众总是欢呼，连嗓子都喊哑了。联邦党人还从来没有受到过这样的欢迎。

知识万花筒

哈佛大学：位于美国波士顿附近的剑桥城，建于1636年，是美国最古老的大学。哈佛大学的图书馆藏书超过1500万册，是美国最大的学术图书馆，规模为全球第五（仅次于美国国会图书馆、大英图书馆、法国国家图书馆、纽约公共图书馆）。至今，哈佛大学已培养出8位美国总统、40名诺贝尔奖获得者和30名普利策奖获得者。

阅读小感悟

沟通与交流是观念、思想、情感的重要交换过程。沟通与交流，不但可以使你拥有更多的朋友，还能获得别人的宝贵经验。

亚当斯总统并不主张宣战，但是敌对行动已在海上开始。起初，美国船只在几乎毫无自卫准备的情况下抵抗法国的武装民船。但是到了1800年，美国武装商船和战船就扫清了海路。

不久，亚当斯总统经过深思熟虑，决定缓和战争局势。消息传来，法国也不想打仗了，并且愿意礼待新使节。于是双方经过谈判，结束了这场准战争。

约翰·亚当斯卓越的沟通与交流才能使美国避免了一场不必要的战争，这使他闻名遐迩。他曾建议为自己写这样一则墓志铭："此处安葬着约翰·亚当斯。他于1800年担负了与法国讲和的责任。"

约翰·亚当斯由一位不善沟通流的孩子变成谈判高手，最终成为一位伟大的人物！

你应尽量为自己创造沟通与交流的机会，使自己能够在人际交往中得心应手，这必将为你开创出一片不一样的天地！

年　月　日

第25天：安德鲁·杰克逊
建立有价值的人际关系

蜘蛛结网是常见的动物行为，目的是捕食和生存。它用自己编织的一张网，为自己在自然界的生物圈中占据了一席之地。

那么，你怎样才能学会在自己的人际关系、个人生活和社会交往等方面也去“编织”出一张有利于自己生存的“网”呢？

这张“网”将对你的学习生涯、人际交往以及今后步入社会打下重要的基础，对你的人生产生极大的影响。你可以用你的那张“网”从朋友、同学、父母以及社会和校园里“网罗”来许多在课堂上、在常规教育中学不到的东西。

当你逐渐“编织”出不同类型的人际关系网时，就标志着你处理各种人际关系的能力已有所提升，并能在复杂多变的人际关系中找到自己的最佳位置。

拥有良好的人际关系网，是你未来成功的可靠保障！

知识万花筒

生物圈（Biosphere）：生物圈是指地球上凡是出现并感受到生命活动影响的地区，也是地表有机体包括微生物及其自下而上环境的总称。生物圈是地球上最大的生态系统，包括大气圈的下层、岩石圈的上层、整个土壤圈和大部分水圈。但绝大多数生物通常生存于地球陆地之上和海洋表面之下各约100米厚的范围内。

安德鲁·杰克逊于1829年3月就任总统。杰克逊所获得的选票比任何一位前任总统都多。

杰克逊为什么会获得民众如此爱戴呢？这还要从他小的时候说起。

1767年，杰克逊出生于北卡罗莱纳和南卡罗莱纳交界地的边远地区。他的父母是在他出生前两年从北爱尔兰移居到那里的。他的父亲在他出生前不久就去世了，那时英法战争刚结束。

杰克逊所受的教育并不多，但是他常常自豪地说，他9岁时曾给一群不识字的边界居民读过新收到的《独立宣言》。

好勇斗狠使杰克逊在这个边界小镇赫赫有名。可能是由于没有父亲保护的缘故，小杰克逊常借助于武力来使自己不受人欺负，此外他还擅长骑马，许多边界的青年都败在了他的手下。小杰克逊还极不信任别人，目空一切。除了母亲以外，他不尊重任何人。因此，在这个边界小镇他几乎没有一个朋友。

形单影只的小杰克逊自己觉得并没有什么，甚至还有些洋洋得意，然而他的母亲看在眼里，却对他的行为产生了深深的忧虑——一个人如果没有良好的人际关系，将来必定成不了什么大事。

杰克逊的母亲苦想了一夜。第二天一早，她将杰克逊叫起来，让他安静地坐在自己的对面。就这样静静地坐着，母亲平静地看着他，没有说话。这让杰克逊如坐针毡，不知道自己做错了什么。他想站起来，但瞄了下母亲那闪动着威严的双眼后，打消了这一念头。

大概过了10分钟，杰克逊感觉自己的身体快要被这种平静的气氛压扁了的时候，母亲的声音终于像是从遥远的地方到达了一样，缓缓地在杰克逊耳中嗡嗡作响："你为什么不改一改你的火暴脾气？为什么不交几个朋友？为什么要拒绝别人的好意？"

杰克逊调整了一下自己早已僵硬的坐姿，用他那种固有的坚硬的口气回答道："我不想让他们觉得我没有父亲就好欺负。那些混蛋不配做我的朋友！"

母亲强忍着眼泪，平静地说道："你这种说话的口气没有人会喜欢的。这

里的每一个人都没有觉得你没有父亲就好欺负，没人想过要欺负你，只是你自己这么认为罢了。只有你自己先善待别人，别人才会善待你，你明白吗，孩子？”

杰克逊倔强地说道：“别说了，妈妈！我不信会有这样的好事落到我的头上！”

母亲依然平静地说道：“孩子，一个人的力量总是有限的，如果没有朋友，你只能在这边界小镇碌碌无为地过一辈子。只要你付出你的真诚，终会赢得别人的回报和尊敬！”

杰克逊正想张口反驳，母亲摆了摆手阻止了他，继续道：“一个人无论地位高低、贫富贵贱，渴求得到尊重的心情是一样的。只要你尊重别人，别人也会尊重你的！”母亲说着站了起来，拉起杰克逊的手：“走，孩子！我带你去向被你打过的人赔礼道歉，他们一定会原谅你的！”

杰克逊一路被母亲拖拖拽拽，来到了小镇的大街上。这时一个年迈体弱的乞丐向杰克逊的母亲伸出了发抖的双手，杰克逊的母亲翻遍了所有的口袋，但身无分文。她惶恐不安地上前握住乞丐那双肮脏的手，深情地说道：“实在对不起，老人家。我出来太急，什么也没带。真对不起，老人家！”

老乞丐含着泪说道：“哪里的话，夫人。您能握我这双肮脏的手我已经很感谢了。夫人，您真是善良的人，您一定会得到上帝保佑的！”

杰克逊的母亲正想再次说声抱歉，一只拿着一美元的手伸到了她的面前，她看见拿着钱的杰克逊早已泪眼

知识万花筒

英法战争：英法之间历史上多次爆发大规模战争，其中最为著名的是断断续续进行了长达116年（1337～1453）的“百年战争”；二是1756～1763年间的“七年战争”。此处所指英法战争为“七年战争”，即由欧洲主要国家组成的两大交战集团在欧洲、北美洲、印度等广大地域和海域进行的争夺殖民地和领土的战争。

《独立宣言》：北美洲十三个英属殖民地宣告脱离大不列颠王国而独立的文告。1776年7月4日，该宣言由第二次大陆会议于费城批准，后来该日被定为美国独立纪念日。宣言之原件由出席大陆会议的代表共同签署，并永久展示于美国华盛顿特区之国家档案与文件署。此宣言为美国最重要的立国文书之一。

模糊。她将儿子手中的钱递给了乞丐，并摸了摸杰克逊的额头，激动地说道：“好样的，儿子！妈妈真为你高兴！”

杰克逊也哽咽了：“妈妈，我明白了，我什么都明白了！您回家去吧，我自己去向别人道歉，我会做一个让您骄傲的孩子的！”

从这以后，杰克逊不但不再目空一切，而且变得乐于助人。他收敛了自己火暴的脾气，赢得了边境小镇居民的夸赞，这才有了开头那段值得骄傲的经历——给一群不识字的边界居民阅读新收到的《独立宣言》。

成年之后的杰克逊学习了法律，他不但拥有良好的人际关系，而且并没有失去年少时的那份勇敢和冒险精神。这使他在边界博得了人们的尊敬。不久，他便在田纳西成了一名出色的青年律师。

他是他所在的州里第一个被选进众议院的人，又在参议院任职过一段时期，后来又成了一名以实事求是的态度而著称的法官。1801年，他被校官们推举为田纳西后备军的少将。

1828年，杰克逊又被朋友们推举为总统候选人。他良好的人际关系所吸引的投票人比前四年的总和还要多出三倍，这也使他在很多州取得了选举的胜利，成功于1829年入主华盛顿联邦政府。

一位肯塔基州的杰克逊拥护者阿莫斯·肯德尔在报上说："杰克逊就职总统之日，就是人民骄傲之时。杰克逊将军是我们自己的总统！"

杰克逊的这种个人魅力，无可否认受益于母亲的那次教导。他的为人使每一个见过他的人都为之倾倒。曾经有一位初次拜访他的人说道："杰克逊将军走在陪同者的前面。他兴高采烈，谈笑风生……我被这一情景吸引了好几分钟，仔细端详着这位非凡人物。从外表上看，他个子很高、细长、身子笔挺……他的头型长而窄，覆盖着浓密直竖的灰发，仿佛孕育着他那不轻易屈服的气质。他的眼睛深陷，他的眼神，即使在此时的气氛下，也含有一种'威慑和命令'的意味。"

人生的每一个阶段都会与一定的人际关系相联系。良好的人际关系是集体和个人生存与发展的有利环境，它可以产生合力，使人团结协作，充分发挥群体的效能，能使群体内的成员产生向上的积极情绪。这不但能促进信息交流，增长知识和能力，还可以不断完善和发展自身，最终成就你伟大而辉煌的一生！

知识万花筒

联邦政府：联邦政府是指联邦制国家的中央政府。联邦政府通常出现于中央政府对地方掌控力较低的国家或地方意识较强的国家。和中央集权制相对，联邦制为一种地方分权制，其宪法将绝大多数的政府权力赋予地方，而中央政府只能负责有限的事务，但是中央通常负责军事、外交和财政等事务。

阅读小感悟

一个人的成功，只有45%是由于他的专业技术，另外55%要靠良好的人际关系和处世技巧而取得。杰克逊能成为伟大的传奇式的英雄，很多时候靠的正是他良好的人际关系。

年　　月　　日

第26天：富兰克林·罗斯福

学会为自己铺路

在非洲的丛林里，号称“百兽之王”的狮子经常处于饥饿的状态，这是为什么呢？原来狮子在捕猎的时候经常是单独行动，面对成群活动的食草动物，狮子往往要忍饥挨饿好几天才能找到机会下手，而且只能捕食那些体弱的老幼动物。

而另一种动物——狼，则是群体协作，它们狩猎时动辄出动几十甚至上百只，往往一次可以攻击上千只的动物群。

此外，还有一种群体活动的野兽——鬣狗，则很少自己捕食，它们往往从比它们大得多的野兽如狮子、老虎等动物的口中抢夺食物。

虽然狮子、老虎就个体而言，优势远比狼和鬣狗要大，可是后者却借助同伴的力量，在大自然残酷的生存竞争中，占据了比狮子和老虎更主动的位置。

作为孩子，你的世界也是如此。不管你如何优秀，你始终生活在人际关系这张大网中，而朋友，是人际关系这张网中最结实、最牢固的一环。俗话说“朋友多了路好走”，就是这个道理。

你的个体能力越强，就越需要朋友的帮助和支持。不然的话，就很容易成为社会竞争中孤立独行的狮子，产生生存危机，当然就更谈不上成为优秀的政治家了。

美国总统罗斯福从小就天资聪颖，什么东西一点就通，一学就会，为此，他深受父母和老师的喜爱。可是正是因为如此，他总有一种优越感，认为自己高人一等，比周围的小伙伴要优秀很多。别的小伙伴邀请他一起玩的时候他总是把头高高地昂起来，大声地说：“我怎么能和你们这样的人一起玩？我有更重要的事情要做。”长期下来，伙伴们也就不找他一起玩了。

一天室外活动课，老师带大家一起做游戏，要求两人一组，孩子们自己挑选伙伴。孩子们都挑选自己平常合得来的朋友，很快就分好组了。只有罗斯福孤零零地站在旁边，谁也没有主动去邀请他，而一向高傲的罗斯福也不可能“屈尊”去邀请别人。大家都看着他，罗斯福感觉脸上火辣辣的，不知道怎么办才好。

幸亏老师替他解了围，她和罗斯福一组完成了游戏，这次的事情给了罗斯福很大的震动，可是过后他还是我行我素，很少和其他人交往。

过了没多久，又发生了一件事情。一天傍晚，放学之前忽然下起了雷阵雨，很多孩子没有准备雨具，这时候一些带了雨具的孩子都主动邀请朋友一起回家。很快，教室里就没剩下几个孩子了，这时候其他孩子的父母也赶来接他们了。

那天，刚好罗斯福家里来了重要客人，父母因为招待客人脱不了身。很快，教室里只剩下罗斯福和约翰两个人了。不一会约翰的父亲也来了，看见罗斯福也在，就说：“孩子，你住在哪里？我带你一起回去吧。”

因为平常罗斯福待人太冷淡，所以约翰也不喜欢罗

知识万花筒

鬣狗：鬣狗是一种生活在非洲、阿拉伯半岛、亚洲和印度次大陆的陆生肉食性哺乳动物。外形略像狗，头比狗的头短而圆，毛呈棕黄色或棕褐色。鬣狗虽外形像狗，其实更接近猫科动物。分布于非洲撒哈拉沙漠以南较开阔地区的斑鬣狗，是鬣狗科中体型最大的一种，也是最著名和捕食能力最强的鬣狗种群，它们可以成群捕食较大的猎物，是非洲除了狮子以外最强大的肉食性动物，也是非洲唯一能对抗狮群的群体。

斯福。他对父亲说："爸爸，一会儿罗斯福的父亲会来接他的。"约翰的父亲信以为真，就带着约翰先走了，只剩下罗斯福自己看着漫天的大雨发呆。

后来，天完全黑了，罗斯福只好自己冒雨跑了回家，到家以后罗斯福全身上下都湿透了。回到家里看见母亲，罗斯福满是委屈，"哇"地一声哭了出来。

母亲看见罗斯福可怜的样子，赶快找来热毛巾，帮罗斯福擦干净，然后给他换上干衣服。罗斯福依然感觉十分委屈，抽噎着哭个不停，母亲充满歉意："亲爱的，对不起。今天我和爸爸实在没空，所以没能去接你。"

罗斯福边哭边说："我不是因为这个哭。"接着，罗斯福把最近受同学冷落的事情一件一件原原本本地告诉了母亲。

母亲耐心地听完以后，明白了罗斯福的感受，她摸着罗斯福的额头说："亲爱的，我明白了。生活中我们不可能完全靠自己，你时刻要和不同的人打交道，比如我、爸爸、老师、小朋友、邻居，等你长大后还要接触更多的人。与他人的联系就是我们说的人际关系，每个人都要在人际关系中生存。所以良好的人际关系和优秀的个人素质一样重要，千万不要把自己封闭起来。"

听了母亲的一席话，罗斯福似乎明白了什么。

母亲继续说："在你现在的年龄，朋友是人际关系中非常重要的一环。刚才你说的那几件事情你也该从中吸取点教训了，学习好或者其他方面优秀并不代表你就可以一个人独立地生活。不管你个人的情况如何，都应该多交一些朋友。"

看着母亲鼓励的眼神，罗斯福用力地点了点头。

几天以后的一个休息日，罗斯福一家一起到郊外去游玩。罗斯福似乎已经忘记了原来的不快，玩得十分开心。吃过午饭，罗斯福和父母一起到河边捕鱼。母亲拿出一根很粗的尼龙绳和渔网，对罗斯福说："亲爱的，你觉得这根尼龙绳结实还是渔网的线结实？"

罗斯福不假思索地答道："当然是尼龙绳结实了。"

母亲说："那你试试用这根尼龙绳和渔网分别捕鱼看看。"罗斯福虽然觉得很奇怪，还是拿尼龙绳在水里随便摆了几下，用渔网捞了几条小鱼，然

后对母亲说："妈妈，这还用问，当然是渔网能捕到鱼了。"

"那你能不能回答我，为什么渔网能捕到东西，而一根尼龙绳不可以呢？"母亲微笑着问。

"那还不简单，因为渔网是由许多的细线织成的，当然能捕到鱼了。"罗斯福自信地回答。

母亲说："你看，每个人都好像一根细线。要想在生活中有所收获，就必须结识更多的朋友，和朋友一起织成一张大网；结识的朋友越多，网也就越大，能捕捉到的"猎物"也就越多。而单独的一个人是脆弱的，即使你像尼龙绳那样结实，没有朋友的帮助，也一样不会获得什么成就。"

罗斯福低下了头说："我知道了，妈妈。我一定会注意的。"

母亲轻轻拍了拍罗斯福的头，说："这才是好孩子。我给你讲个故事吧！"

"从前，在一个村庄里住着一个小伙子，他勤劳、善良。一天，上帝在梦里告诉他，某天这里将要发生一场大洪水，让他早做准备。

"小伙子首先想到的是自己的朋友和邻居们，于是就把这个消息告诉了大家。很快，全国的人都知道了，所以洪水发生的时候因为大家都有准备，转移到了船上或者高地上，没有什么损失。

"小伙子也坐上了自己的小船，在洪水中漂浮。他看见一窝蚂蚁在水里挣扎，就把它们救了上来。过了一会儿，他又发现一窝蜜蜂围着被水包围的蜂巢不肯离

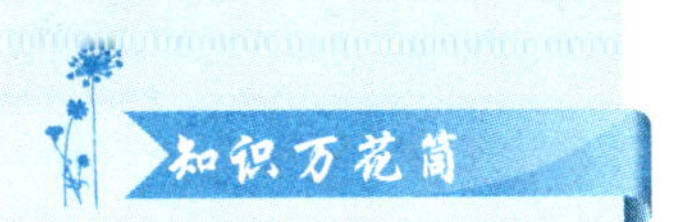

尼龙（Nylon）：尼龙是美国杰出的科学家卡罗瑟斯及其领导下的科研团队研制出来的世界上第一种合成纤维。在中国内地也称锦纶，一般在用作塑料时多称作尼龙，而在用作合成纤维时多称作锦纶。尼龙的出现使纺织品的面貌焕然一新，它的合成是纺织工业的重大突破，同时也是高分子化学研究领域的一个重要里程碑。

罗斯福名言："我们唯一害怕的就是恐惧本身。"在罗斯福首次履任总统的1933年初，正值经济大萧条的风暴席卷美国——民众大量失业、企业破产、银行倒闭、股市暴跌，痛苦、恐惧和绝望无处不在。罗斯福却表现出一种压倒一切的自信，他在宣誓就职时发表了一篇富有激情的演说，告诉人们：我们唯一害怕的就是恐惧本身。（The only thing we have to fear is fear itself！）

开，于是他又把蜂巢揪了上来。蜜蜂高兴地围着他飞舞。后来，一只疲倦的蝴蝶也落在了他的肩膀上休息。很快，小伙子就和他的这些动物小伙伴们成了朋友。

“洪水退走后，大家又回到了家乡重新开始生活。过了一段时间，国王发布一道命令：哪个年轻人要是能解决三个难题，就可以娶到公主，否则就要被砍头。很多年轻人都去挑战，结果都失败了。

“最后那个小伙子来到王宫挑战。国王叫人把他关在一间黑屋子里，里面堆满了掺了一半沙子的米，在一个晚上的时间他必须把所有的米和沙子完全分开。小伙子正在发愁的时候，蚂蚁“大军”来了，一只蚂蚁搬一粒米，很快就把沙子和米分开了。

“国王看见小伙子已经完成了第一道难题，就出了第二道难题：国王的花园里开满了鲜花，可是其中有一半是假的，要一朵不差地把真花和假花全都分开。这时候蜜蜂来了，每朵真花上都落着一只蜜蜂，而假花上则一只也没有。

“国王没办法，便出了第三道难题：他叫出100个姑娘，让她们都蒙着脸，

穿着同样的衣服，连举止都一模一样，然后让小伙子从中找出真正的公主，并且只有一次机会。这时候一只美丽的蝴蝶飞了进来，落在一个姑娘头上。小伙子上前拉住姑娘的手，原来她就是公主。

“可是国王反悔了，他不愿意让公主嫁给一个一无所有的年轻人。正当国王让士兵捉拿小伙子的时候，被小伙子救过的人冲了进来，还告诉国王如果不履行诺言就踏平王宫。

“在朋友们的帮助下，小伙子终于娶到了公主。”

听完母亲的故事，罗斯福沉思了一会儿，对母亲说：“我明白了，妈妈。做人要善良，在别人有困难的时候帮助别人，这样就会获得很多朋友。而当你遇到困难的时候，朋友们也会帮助你。在这样的人际关系下，朋友会越来越多，生活也将越来越好。”

从此，罗斯福开始变得温和起来，身边很快就有了很多朋友，朋友们的帮助对他的成长起到了重大作用。在后来的总统竞选中，他的朋友在经济上和精神上都给予了他巨大的支持。

在国家政策上，他也注意寻找美国的朋友。二战结束后，美国已经成为世界上的经济、军事第一大国，可是罗斯福并没有满足现状，而是在全球范围内寻找盟友。在他的主持下，北大西洋公约组织成立，把美国和欧洲紧密地联系在了一起。而这一系列政策对美国以后的半个多世纪起到了极其深远的影响，一直到今天，还有着不可忽视的作用。

阅读小感悟

作为青少年，你的交际圈可能并不大，在你的成长过程中，最主要的交际对象应该就是同龄的朋友。所以，你在学习如何交际的时候，学习如何交朋友是关键。

在青少年时期就结交大量的同龄朋友，对锻炼你的交际能力，对你将来的发展，都会起到重要的作用。

给男孩的建议

读下去，你将了解并掌握使自己具有良好人际关系的有效方法：

1. 尽量采用直接的沟通方式。在条件允许的情况下，要尽可能地减少交往中的中间层次和不必要的环节，以防止时间延搁和信息失真。

2. 坦诚、自然地与人沟通，不隐瞒自己的观点和意见，不过分文饰、压制自己的情感，不给对方以深不可测的冷漠印象。

3. 用朴实、简洁的语言与人沟通，形体语言和习惯动作要真实、得体，不要过分夸张。

4. 尊重对方的自主地位和人格尊严，不要有支配、控制对方的想法，不要把自己的观点、意见强加于对方。

5. 学会倾听，重视对方的观点、意见，体察对方的处境和感受，善于与对方在情感上产生共鸣。

6. 以满足对方的正当需要为前提，并把满足对方的需要作为衡量交往效果的主要参考标准。

7. 在满足个人的正当需要时，多从对方的实际情况出发，不强人所难，多考虑他人的需要。

年　月　日

阅读主题9：树立正确的金钱观

树立正确的消费观念，并不是简单地计划如何利用自己的零用钱，或者一切都由父母代劳就可以达到的。就好像游泳一样，你要想使自己远离溺水的威胁，就不能将自己和水隔绝，因为在岸上学游泳，你永远也学不会。学习游泳最好的方式恰恰就是把自己放在水里——只有这样，你才会迅速地学会游泳。

第27天：安德鲁·杰克逊

你的财务你处理

很多父母认为，理财应该是孩子成年以后才接触的问题，没有必要让孩子在小时候就涉及如此烦琐的事情；而很多孩子在父母的影响下，也很少主动锻炼自己独立处理财务的能力。

其实，这是一个错误的观点。理财能力是一个人对于自己的财务的控制和管理的能力，是考核个人生存能力的一项重要指标。

当你在父母的教育下树立正确的金钱观的同时，也应适当锻炼自己独立处理个人财务问题的能力。从小就

知识万花筒

开源节流：语出《荀子·富国》：“故明主必谨养其和，节其流，开其源，而时斟酌焉，潢然使天下必有馀而上不忧不足。”后以“开源节流”指开辟财源，节约开支。

养成良好的理财习惯，你的一生都将因此受益匪浅！

安德鲁·杰克逊是一位传奇英雄式的美国总统，他硬朗的行事风格和严谨的金融政策为其赢得了“老核桃树”的绰号。

杰克逊出生在美国北卡罗莱那州和南卡罗莱那州之间的边远地区，在他出生之前，父亲就已经离开了人世。艰苦的环境养成了他倔强、毫不屈服的性格。

杰克逊小时候花钱经常大手大脚，往往一个星期的零用钱一天就花完了。倔强的他也从不向母亲开口，一直挨到下一个星期，然后又禁不住一天就挥霍掉这一周的零用钱。

在杰克逊的邻居文森太太家门口，有一大片平坦的草坪，杰克逊和小伙伴们经常在上面踢足球。一天，杰克逊和伙伴们玩得正开心，杰克逊飞起一脚，皮球

高高地飞过了文森太太家花园的篱笆，准确地“命中”了一块漂亮的玻璃……

当怒气冲冲的文森太太抱着足球出来时，孩子们早就已经吓得一哄而散——只剩下杰克逊一个人站在那里发呆。

除了一顿呵斥以外，杰克逊还必须面对一个严重的问题——赔偿玻璃需要12.5美元。12.5美元在当时可不是一笔小数目，大约相当于杰克逊一个月的零花钱。而此时，他的口袋里早就空空如也了。

万般无奈之下，杰克逊只好向母亲求助。

“我可以给你12.5美元。不过这并不是你应得的，我只能借给你，你要通过自己的劳动来偿还。”妈妈并没有责怪杰克逊，而是“借”给了他12.5美元。

母亲巧妙地利用杰克逊倔强的性格，想让他吃一点苦头——借此机会以纠正他往常乱花钱的毛病，让他形成正确的理财观念。

果然，倔强的杰克逊一口答应还钱。为此，他不得不去附近的一家木匠铺帮忙，每个星期可以获得3美元的酬劳，并且拼命地从自己的零花钱中省出一部分。三个星期后，终于还清了母亲的“债务”。

看着疲惫的孩子，母亲心疼地说：“孩子，我很高兴，并不是因为你赚到了十几美元，而是你信守了承诺。长大以后你也许会碰到许多类似的问题，你必须在借贷的时候确信自己有偿还的能力，并绝对要遵守承诺——这是做人的基本要求。”

“我明白了，妈妈，要是我以前每个星期都省下一

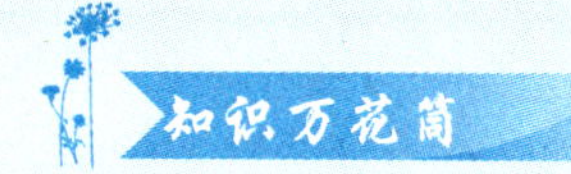

足球：足球运动是一项古老的体育活动，源远流长，最早起源于中国古代的一种球类游戏“蹴鞠”，后来经阿拉伯人传到欧洲。足球运动是目前全球体育界最具影响力的单项体育运动，故又被成为“世界第一大运动”。现代足球发源于19世纪早期的英国伦敦。牛津和剑桥的两所学校之间进行比赛时制订了一些规则，因为当时在学校里每套宿舍住有10个学生和1名教师，因此他们就每方11人进行宿舍与宿舍之间的比赛，现在的11人足球比赛就是从那时开始的。

阅读小感悟

理财习惯的养成是一个循序渐进的过程，你在学习的过程中应该适当放慢脚步，给自己更多体会、理解的时间和空间。

好的理财习惯，对于你将来的事业和成就而言，将是一种莫大的帮助，所以，你必须学会！

点零用钱就好了，那我就不必向您借钱了。”杰克逊沮丧地说，“可是我总也省不下来钱。”

母亲惊喜地发现儿子开始注意到理财的问题，便不失时机地说：“那是完全可以的。瞧，现在你每个星期有3美元的零花钱，加上你打工的收入，一个星期一共有6美元。现在我们来看看，你下个星期有哪些钱是必须要花的，哪些钱是可花可不花的，哪些钱是完全没有必要花的。”

杰克逊眼睛放出光来，显然母亲的话吸引了他，很快他就做出了妈妈要求的“开源节流”计划。

母亲继续说：“假如必须花费的是2美元，那么要拿出2美元，绝对不能用在别的事情上；其他的钱只要你愿意，就可以省下来了，当然最好能放一部分钱备用——比如上次你打碎文森太太的玻璃的事情，如果你有12.5美元，就不用发愁了。”

“这听起来太棒了，妈妈！”杰克逊兴奋地说，“真是个不错的主意。”

从此以后，每周一杰克逊都会在一个小本子上计算——必须要花掉多少，可能节省多少。同时总结上个星期自己的支出，看看有什么不合理的开支。慢慢地，杰克逊以前一直空着的小存钱罐也充实了起来。

一开始杰克逊只是把这当作一种兴趣、一个游戏来玩，但后来慢慢地就养成了良好的理财习惯。这种习惯一直伴随着他，一直到他当选总统。

成年以后，杰克逊从事过一段时间的地产投资生意，并凭借良好的个人财务习惯和勇于冒险的性格，取得了不小的成绩。

当选美国总统以后，杰克逊把个人的理财能力扩展到了对于国家财政的干预和管理上。他致力于财政改革，关闭了几家不顾国民利益的银行，使美国的财政状况焕然一新，这使他获得了国民的广泛支持。

适度的信贷、良好的信誉、有计划的开支、经常性的总结，这四个方面构成了一个孩子必须掌握的个人理财生活。虽然看似复杂，但实际上只要方法适当，你要学会这些并不是一件很困难的事情。

年　　月　　日

第28天：卡尔文·柯立芝
不想贫穷，就要正确消费

作为孩子，由于自身攀比心理作祟，你可能会做出一些日后连自己都觉得荒唐的事情来。

在成长过程中，你的很多消费通常处于一种盲目的状态，尤其是如果你的家庭经济状况相对富裕，你往往会根据一时的喜好去买一些东西，但买回来以后却很少用。

你在与小伙伴们相处的过程中，也往往会出现这种情况：某一个或者几个小伙伴拥有了某样东西，比如玩具或者衣服。出于攀比、炫耀的心理，你有时也会要求父母为你买来，而不去考虑所买的东西是否适合你。

而错误的消费观念容易使你养成挥霍、盲目和爱慕虚荣等不良习惯，所以，你必须在父母的教导下学会如何消费，这将对你以后的生活大有帮助。

与众多各具优点和个性的美国历届总统相比，卡尔文·柯立芝总统显得有些平凡，可是正是这位“不起眼”的总统一手推动了美国的繁荣。人们把他比作勤

人物博览馆

卡尔文·柯立芝：美国第30任总统，共和党人。律师出身，在马萨诸塞州政界奋斗多年后成为州长。1920年大选时作为沃伦·哈定的竞选伙伴成功当选美国第29任副总统。1923年，哈定在任内病逝，柯立芝随即递补为总统，1924年成功连任。他主张小政府，以古典自由派保守主义闻名。

劳、节俭和道德的化身。

柯立芝在任职期间，极力稳定政府的经济政策，扶持商业发展，鼓励国民正确消费，使美国确立了世界第一经济强国的地位。这和他早期受到的良好家庭教育是分不开的。

柯立芝1872年7月4日出生于佛蒙特州的普利茅斯，父亲是一个勤劳的商店店主。柯立芝在幼年的时候就跟着父亲进货，他也因此拥有比别的小朋友多得多的玩具。

一次，柯立芝和父亲一起到城里，父亲看见了一把玩具来福枪："瞧，那把玩具枪不错，每个"士兵"都有一把，你想要吗？"

"我不要，它看起来太土气了，我一点儿也不喜欢。"柯立芝和父亲的看法显然不一样。

没过多久，柯立芝在和同伴们玩耍的时候，发现他们几乎每人都有一把玩具来福枪，看起来都很威风。"嗨！柯立芝，我们都是勇敢的士兵，你呢？"柯立芝沮丧极了，一个人跑回了家。

父亲正在商店里忙碌，看见柯立芝垂头丧气地走了进来。

"怎么了，我的宝贝？"父亲问。

"爸爸，你还记得那天我们看见的那把玩具枪吗？"柯立芝小心地说。

"当然，你还觉得它不好看，我们就没买。怎么了？"父亲问。

"可是……可是现在大家都有了，我如果没有的话，他们会嘲笑我的。"

父亲明白了，原来是攀比的心理让柯立芝想买那把他本来不喜欢的玩具枪。如果马上拒绝的话，柯立芝肯定会非常难过；如果同意给他买的话，虽然那把玩具枪并不值钱，可是这样会助长柯立芝错误的消费习惯和虚荣心。

父亲拍了拍柯立芝的肩膀："这是个小问题，包在我身上！不过你瞧，我现在很忙，我们晚上再来一起解决这个问题，好吗？"

"好的，爸爸。"柯立芝垂头丧气地走进自己的房间。

傍晚，柯立芝的父亲忙完了店里的工作，回到家里，推开柯立芝房间的

门，发现柯立芝正在靠着窗户发呆。

“来吧，我的‘上尉’，我们来一起整理一下我们的‘军需库’。”父亲满脸笑容地说。

果然，柯立芝的情绪被调动起来，他跳下床，把自己所有的玩具都翻了出来，然后和父亲一起忙活起来。

“看样子，我们需要处理掉一批‘物资’了。”父亲故意把一些重复的玩具和一些之前儿子根本就没怎么动过的玩具挑了出来。

“是啊，我当时怎么会买这些呢？有些已经有了，而有些我一点儿也不喜欢。”柯立芝仿佛第一次发现有这么多被“冷落”的玩具。

父亲不失时机地说：“你看，买东西还是买自己喜欢的好，不然买回来就放在角落里，没什么用处。我明天去城里，帮你去买玩具枪。”

“不了，爸爸，我想过了，我一点儿也不喜欢那把枪，只有士兵才用那么老土的武器，而我，是一个上尉！”柯立芝大声说，父亲高兴地把他抱了起来。

从此以后，柯立芝在买东西的时候总是先想想自己是不是真的喜欢或者真的需要。这种良好的消费习惯一直伴随他长大。

年轻时的柯立芝最大的梦想是拥有一部自己的小汽车，大学毕业以后这个想法更强烈了。可是他暂时没有那么多现金，独立性极强的他又不想麻烦家里，唯一的途径就是贷款买车。

一次吃饭的时候，柯立芝把自己的想法告诉了父亲，父亲说：“还记得当时那把来福枪的事情吗？”柯

知识万花筒

上尉：上尉是一些国家军队中尉级军官的军衔称号。上尉一词来源于拉丁文“首领”，是一个非常古老的军事术语。西方陆军最早的组织形式是被称作“连”的单位，每个连由一名上尉指挥。当时的上尉是一种职称，后来逐渐演变为担任连长职务者的军衔称号。在世界各国的军衔体系中，都设有上尉军衔。在绝大多数不设大尉军衔的国家，上尉是尉官的最高级别。

阅读小感悟

要想将来有所成就，你就必须学会在消费的过程中学会正确的消费方式。当然，这需要父母从旁引导。唯有如此，你才能真正了解自己需要什么、喜欢什么，从而体会到消费的乐趣，形成良好的消费习惯。

立芝点点头。“如果你真的喜欢或者需要的话，那就买吧。贷款消费并不是什么丢脸的事情，而错过自己喜欢的东西的话，那就遗憾了。”

后来，柯立芝当总统的时候回忆说：“当时如果我攒够现金再买车的话，应该已经是孩子的父亲了，那么就不会有年轻时疯狂而美好的回忆了。”

当选总统以后，柯立芝致力于稳定局面和发展经济，美国经济出现了空前的繁荣。在公开的演讲中，柯立芝经常说：“消费的目的，是出于个人的需要——不管是生理上的还是心理上的，应该是一件很愉悦的事情，而不是一种负担。我们反对挥霍和浪费，但是如果你们真的需要的话，那就买吧！我给你们提供贷款！”

当时的美国，消费状况一扫农场主时期的吝啬和挥霍两个极端，而国民消费意识的增强很大程度上刺激了经济的发展。这种局面的形成，离不开柯立芝总统的巨大贡献！

年 月 日

第29天：亚伯拉罕·林肯

驾驭好人生的马车

人的生活，一方面是物质生活，一方面是精神生活。缺乏物质生活便会贫穷，缺乏精神生活便会愚昧。物质生活和精神生活就好像一辆马车的两个轮子，任何一个轮子出了问题，都可能让生活这辆向前行驶的马车倾覆。

三个孩子一起围在一位女士身边，听女士讲一个童话故事：

“从前，有一位国王，他拥有世界上最伟大的帝国，有上百万的军队和数之不尽、用之不竭的财富。国王终日生活在城堡里，忙着检阅他的部队和大臣和处理国家大事，没有时间去做别的事情。

而在这个王国里，还生活着一个牧羊人。他天天唱着歌，赶着羊，陪着自己喜爱的姑娘，早上看朝霞，晚上听晚风、松涛。他看遍国家的美丽景色，唱遍世界上所有动听的歌谣，可是他的生活却很穷苦。”

讲到这里，女士看着三个孩子，微笑着问：“现

人物博览馆

亚伯拉罕·林肯：美国第16任总统。他领导了美国南北战争，颁布了《解放黑人奴隶宣言》，维护了美联邦的统一，为美国在19世纪跃居世界头号工业强国开辟了道路，使美国进入经济发展的黄金时代，被称为“伟大的解放者”。内战结束后不久，林肯遇刺身亡。他是第一位遭到刺杀的美国总统。

在，你们说一说，国王和牧羊人哪一个更快乐、更幸福？”

第一个孩子说：“当然是国王幸福，他拥有一切，想要什么就有什么，想干什么就可以干什么，还有什么比这更幸福的呢？”

第二个孩子思索了一会儿，说：“我觉得牧羊人幸福，虽然他很穷，没有钱，但他却可以按照自己的方式生活，拥有爱情、自由。国王有再多的钱也没有用，只能整天待在城堡里。这样的生活，即使有再多的金钱又有什么用？”

第三个孩子接过话题：“我觉得他们两个都不算真正幸福。”

女士饶有兴致地问：“哦，那你说说，怎样才算是幸福。”

第三个孩子仔细想了一会儿，缓缓地说：“其实，真正的幸福他们两个刚才已经说出来了，只不过不完整，把他们两个的话合在一起就可以了。国王虽然拥有世界上最大的权力和最多的财富，可是他并没有用这些权力和财富来寻找幸福，反而把这种权力和财富变成了枷锁。如果他能在处理好自己的事情的同时，又可以经常出去走走，像一个普通人那样交朋友、寻找自由，才是真正的幸福。

“牧羊人也是一样，从表面上看起来他很快乐，可是如果他或者他的亲人生病了呢？天冷了呢？他拿什么给他的亲人治病、取暖？他应该努力赚钱才行，没有钱维持生活的人是不可能幸福的。”

女士欣慰地看着第三个孩子，说：“亲爱的，你说得没错。确实是这样，生活不能完全依赖金钱，但是又不能安于贫穷。真正的幸福就是一只手拥抱金钱，另一只手去拥抱快乐，只有这样你才能拥抱整个世界。”

这个孩子就是后来的美国总统林肯。小时候的林肯家境贫困，父母经常为了生计苦苦奔波。

林肯的父亲在一家农场打工，母亲则长期处在失业的状态，只好帮人打打零工，或者做些其他事情来补贴家用。林肯在很小的时候就养成了节俭的习惯，而且家庭的经济状况也不允许他有太多的支配金钱的机会。所以从小林肯就十分羡慕那些有钱的小伙伴，甚至有一些仇恨的情绪。一方面他十分渴望自

己能够拥有很多金钱；另一方面他对金钱也有一种敌对情绪，正是在这种矛盾情绪的支配下，小林肯度过了自己的童年。

一天，母亲正在帮附近的一家医院洗床单，小林肯就在旁边帮母亲换水，每换一次水，母亲都会安慰地朝小林肯笑笑。孩子这样懂事让母亲既欣慰又歉疚。

母亲一边搓着衣服，一边想着什么，忽然一阵眩晕袭来，眼前一黑，便一头栽倒在洗衣盆旁边——过度的劳累和饥饿已经支撑不起她单薄的身躯了。

父亲赶回来背着母亲到了医院，小林肯也跟着进了医院。母亲被抬进了急救室，父亲正和医生焦急地说着什么，但医生面部冰冷、毫无表情。小林肯吓坏了，只听清楚了一句话："要是没钱，就请马上离开，我们这里是医院，不是福利院！"

又是钱！妈妈就是因为没有钱才变成这个样子的，现在医生又要钱，小林肯攥着双拳冲到医生身边大声喊道："难道没有钱就不救妈妈了吗？妈妈会死的，上帝不会饶恕你们的！"父亲赶紧拉开林肯，抱歉地对医生说："对不起，孩子也是太关心妈妈了。我现在就去借钱，天黑之前我一定赶回来，请务必救救我的太太。我一定会借到钱的。"也许是林肯的话打动了医生，医生终于同意先为林肯的母亲进行治疗。

父亲对林肯说："孩子，坚强一点，爸爸很快就回来，这段时间你要像一个大人一样照顾好母亲。记住，像大人一样，照顾好母亲。"

父亲出去筹钱了，林肯一个人坐在急诊室外面，眼

人物博览馆

林肯轶事：林肯竞选总统时没有专车，每到一个地方发表演讲，朋友们便为他准备一辆耕田用的马车。他曾说："有人写信问我有多少财产。我有一位妻子和三个儿子，都是无价之宝。此外，还租有一间办公室，室内有桌子一张、椅子三把，墙角还有大书架一个，架上的书值得每人一读。我本人既穷又瘦，脸蛋很长，不会发福。我实在没有什么可依靠的，唯一可依靠的就是你们。"

里含着泪，双手抱着膝盖。也许是林肯的诚心感动了上帝，过了一段时间，母亲被护士从急诊室推了出来，已经脱离了危险。

小林肯跟着母亲来到病房，一直紧紧地攥着母亲的手。母亲安慰他说："亲爱的，没事了，没事了。"可是林肯还是不肯放手，生怕一放手母亲就会离他而去。

等到病房里只剩下母亲和他两个人，看着母亲渐渐有了血色的脸，小林肯才从恐惧中恢复过来，趴在母亲身上大哭起来。

母亲只得不停地安慰："没事了，没事了！"一边说着，一边眼泪像断了线的珠子一样掉下来。

小林肯大声地说："妈妈！我讨厌钱！我讨厌钱！因为没钱我几乎失去了你。我长大了以后一定要赚很多的钱，然后砸到那医生脸上！"说完又扑到母亲身上抽噎起来。

母亲知道这件事情对孩子的影响太深了，很可能造成孩子对金钱畸形的态度，于是对小林肯说："孩子，别这么说，我和你父亲最大的希望就是你能够幸福，而不是让你带着仇恨生活，不管是对金钱的仇恨还是对其他什么的仇恨。"

小林肯说："可是没钱却让我们一家人都受苦！"

母亲说："你说得对，在物质上我们是很贫穷，可是我们拥有你！拥有你的爱是我最大的财富，我们在精神上是富足的。我们应该在物质上和精神上都有所追求，我和你爸爸辛苦地工作，也是为了赚更多的钱，让我们的生活好起来。一切经济上的困难都是暂时的，我们要做的是战胜它，而不是去仇恨它。"

小林肯看着母亲消瘦又憔悴的脸，歉疚地说："对不起，我错了，妈妈。"

母亲欣慰地看着小林肯，说："你做得很好，只是不要用那种态度去面对生活；不管是对物质生活还是精神生活，我们都要持一种积极的态度，用一颗正常心去追求它们、拥有它们。等你长大了，可以支配更多的钱，那时你不仅可以帮助自己和家人挺过难关，可以去帮助别人。"

小林肯对母亲说："好的，妈妈，我一定会的。"

母亲一连说了很多话，感觉很疲惫，她喘了几口气，对小林肯说："好了，孩子，我有点累了，先休息一下。我爱你，亲爱的。"

说完，母亲就闭上眼睛，没多久就入睡了——她已经很长时间没有好好休息过了。

小林肯亲了亲熟睡的母亲的额头，轻声地说："我也爱你，妈妈。"

第二年，积劳成疾的母亲永远地离开了小林肯，可是她对小林肯的教导却永远铭刻在林肯心中，鼓励着他健康成长。

长大以后的林肯，不管是作为一名律师，还是作为世界上最强大的国家的总统，他对个人财富的一贯原则都是够用即可。即使有了多余的收入，大多数也都捐献给了慈善机构，或者用来度假、买书，以丰富自己的精神生活。林肯说："对于金钱，我追求，却不奢求。世界上最快乐的人是精神生活富足的人，而物质生活，能够达到小康我已经很满足了。"

身处现代社会，你在花费金钱时很容易产生攀比心理。原因主要在于，成长的过程中你在精神生活方面的需求会不断增大，当精神生活贫乏、出现裂痕的时候，你就会不自觉地用物质的奢侈来填补自己的空虚感，而这将会带来一系列的恶果。

攀比心理：攀比在心理学上是一种被界定为中性略偏阴性的心理特征，即个体发现自身与参照个体在某方面存在偏差时产生负面情绪的心理过程。这种心理常会导致自身被尊重的需要过分夸大、虚荣动机增强，甚至可使个体产生极端的心理障碍和行为。

阅读小感悟

生活的马车需要物质生活和精神生活两个轮子都牢固才能快速奔驰。如果精神生活的轮子缺少了一块，却拼命地往物质生活的轮子上补，那只会使你人生的马车翻得更快而已！

给男孩的建议

如果你想使自己像林肯总统一样树立正确的金钱观，从而能够正确地认识金钱，合理地支配、管理金钱，适度消费，那么你可以考虑从以下几个方面入手：

1. 正确认识金钱

你要意识到，金钱只是一种生存的工具，世界上还有很多金钱买不到的东西。不要把金钱看作一切，你要做金钱的主人而不是奴隶。

2. 多做一些力所能及的事，然后让父母给予你一定的象征性的报酬

如果你年龄还小，那么你可以学着叠被子，并收拾自己的玩具；大一些了，你可以适当地做一些家务或者其他劳动，以自己的双手换取父母的报酬。这样做，是为了让你知道只有通过劳动，才能获得金钱，从而体会到金钱的来之不易。

3. 准备一个漂亮的存钱罐和一个小本子，养成存零花钱的习惯

小的时候，你可以在父母的帮助下，试着把自己花了多少钱、花在了什么地方等诸如此类的事情都记录在一个小本子上；等你大一些的时候，你可以试着在本子上列一个简单的理财计划，并尽量节俭，然后定期反思自己的花费是否合理。

4. 适当小规模消费

你可以适当地买一些小物品，比如一些日用品、小玩具什么的；大一些了，你可以简单地掌握一些维护自己消费权益的方法。这将有助于你正确地理解什么是消费，以及消费的目的是什么。

5. 请父母为你开设一个银行账户或者办理一张银行卡

尽量多了解一些基础的金融常识，比如如何存款、取款，了解银行的作用以及其他相关知识，这对你将来的成长大有益处。

年　月　日

阅读主题10：
从小培养优雅气质

气质是一个人内在涵养或修养的外在体现，是内在的不自觉的外露，而不仅是表面功夫。如果胸无点墨，任凭外在华丽，那也是毫无气质可言的，反而会给别人以肤浅的感觉。所以，如果想要提升自己的气质，做到气质出众，除了穿着得体、说话有分寸之外，还要不断提高自己的文化修养，丰富自己的内涵。

第30天：安德鲁·约翰逊

美并不局限于外表

优雅的气质是发自内心的一种修养，它是美的最高境界！

爱美之心，人皆有之。那么，如何才能让你学会从小就注重美，注重对自己气质的培养呢？

你首先应该去了解什么是美，去理解什么才是真正的美。

如果一个人只注重修饰外表，而不懂得修饰他的行为举止，那么这个人的仪容、仪表仍然是失败的。也就是说，外表美代替不了气质美。

知识万花筒

胸无点墨：意为肚子里没有一点墨水，多指人没有文化。出自清代淮阴百一居士《壶天录》卷上：“某家本殷实，父母以独子故，甚爱之，读书十年，胸无点墨。”

因此，你首先应该知道，美存在于行为和细节之中，即存在于你每天对待生活的态度和感受之中。

美，不但要有外表的修饰，还要在个人修养、礼仪礼节方面加以修炼。不注重外在的美，就像那遮住明日的乌云一样，将掩盖你原有的美丽与皎洁的光辉，而内在的修养则是冲破这层乌云的利剑。

你要想让自己具备优雅的气质，就必须从小学会“爱美”！

1808年，安德鲁·约翰逊出生于北卡罗莱纳州。他在贫困中长大，没有受过正规的学校教育。在他还小的时候，父亲就去世了。虽然家境贫困，但含辛茹苦的母亲却从小就教育约翰逊要注意衣着打扮。买不起好的衣服，即使是约翰逊的破衣服，她也要将它浆洗得干干净净，还不厌其烦地给小约翰逊洗澡，经常自己动手给他收拾零乱的头发。

有一次，小约翰逊对母亲说：“我又不是女孩，为什么要把我弄得这么干净？”

母亲对约翰逊说：“我们虽然贫穷，但爱美是我们该拥有的权利。只有自己把自己打扮漂亮了，别人才不会嫌弃咱们。孩子，你记住了吗？”

小约翰逊看看母亲因操劳过度而显得苍老的脸庞，含着泪说：“妈妈，我记住了！我们很穷，但我们爱美！”小约翰逊说着拿起梳子，给母亲梳起了她那已经斑白的头发。

约翰逊在母亲教他从小爱美的影响下，对“美”有着独特的看法。后来，年轻的安德鲁·约翰逊给一个裁缝当学徒，很快就学会了服装的裁剪与缝制技术，并且总能按客户的要求将衣服做得很漂亮。周围的很多居民都愿意找他缝制衣服。

然而，他的师傅却很苛刻，并且给约翰逊的工钱远远少于他所创造的价值。在忍无可忍的情况下，约翰逊从师傅那儿逃走了。

后来他在格林维尔开了一家裁缝铺。因为他独特的审美风格和对服装缝制的独到见解，裁缝铺生意非常红火，并且赢得了当地一位漂亮的姑娘的芳心。

19岁时，约翰逊与那位叫伊莱扎·麦卡德尔的漂亮女孩结了婚。伊莱扎·麦卡德尔不仅帮约翰逊打理生意日益兴隆的裁缝铺，还教他学习文化知识。

后来当了总统的安德鲁·约翰逊在说明他为什么会取得如此大的成就时，赞颂母亲和妻子伊莱扎·麦卡德尔说："上帝对一个男人的最好恩赐——两位高尚的女人——爱美的母亲和充满智慧的妻子！"

约翰逊进入政界以后，成了一位熟练的、游历各地发表政治演说的人。他那得体的衣着和修整得漂亮的外表总能赢得当地群众的支持和拥护。后来他凭借着这些和雄辩的口才，在林肯遇刺之后当选美国历史上的第17任总统。

在与别人的交往过程中，仪表和姿态并非是"一言不发"的。穿着打扮虽然属于个人爱好，但至少部分地反映出了你的习惯和爱好，因而它会告诉别人一些有关你的"非语言信息"。

比如，无论何时何地你都穿着十分保守，别人会认为你是一个拘谨、严肃的人；你穿着时髦，跟着潮流不断翻花样，别人会认为你是个性活跃、开放的人；你衣冠不整，不修边幅，别人会认为你是个不拘小节、邋遢不羁的人，或者是个潦倒的人；反之，你一贯衣冠整齐，每件衣服都烫得笔挺，无疑你是非常细心、讲究的人。

很多时候，别人会根据你"美不美"的外表，来判断你的心情或精神状态，从而再考虑是否与你交往。爱美的心情能反映你的精神状态，因此千万不要忽视你爱

知识万花筒

个性：所谓个性就是个别性、个人性、特殊性，就是一个人在思想、性格、品质、意志、情感、态度等方面不同于其他人的特质，这种特质表现于外就是他的言语方式、行为方式和情感方式等。任何人都有个性，只不过显著状况不同。

阅读小感悟

"人靠衣裳马靠鞍"，千万不要忽视外表的价值。穿一件好衣服不一定能帮你获得某种回报，但你绝对会因错穿一件衣服而失去与人交往的机会。

优雅的气质是爱美的人的第二个太阳。优雅的习惯是行动的黄金准则，是在社交场合中所能"穿戴"的最好"服饰"。它无需花费一文，却能赢得很多。

美的价值。

为了增加或储存你的“姿”本，你现在就应该开始注重美的装扮，注意仪容仪表。也许你还认为，有丰富的内在气质就好，不必在外表上下功夫。话虽如此，但人性就是这个样子，一开始时“重衣不重人”，你又何苦穿得寒酸小气，甚至邋邋遢遢，让别人把你看低呢？

当然，爱美并非局限于你的外表，但只有从注重外表开始，你才能真正体会到内在美的价值，也才能逐渐拥有优雅的气质！

年　　月　　日

第31天：切斯特·阿瑟

良好的形象是磁石

好朋友不是一两天就能交上的。友情是在长期的交往中彼此交心，真诚以待，和对方愉快相处的过程中诞生的！

一个人的好与坏或美与丑，并不是从表面就能看出来的。但初次见面的人是否会接纳你、欣赏你，起决定作用的可能还是你的外表。

切斯特·阿瑟总统在白宫里一直举止庄重。他身材高大、英俊，胡子总是刮得干干净净，两颊蓄有侧鬓，仅从外表上看上去就像一位总统。而事实证明他的做事风格也确实能够胜任总统。

阿瑟是一位从北爱尔兰移居来的浸礼教传教士的儿子。他于1830年出生于佛蒙特州的费尔菲尔德，1848年毕业于联邦大学，教过书，后来获得律师资格，在纽约当律师。内战初期，他担任纽约州军需署署长。

阿瑟朋友众多，社交广泛，他那独具一格的形象总能赢得大多数人的青睐！

知识万花筒

北爱尔兰（Northern Ireland）：英国的一个地区，位于爱尔兰岛东北部，首府是贝尔法斯特。属温带海洋性气候。1801年爱尔兰岛划归英国。1921年南部26郡组成自由邦，1937年成立共和国，北部6郡仍归英国管理，称北爱尔兰，成为大不列颠及北爱尔兰联合王国的组成部分。

然而年少时的阿瑟，却是一个邋邋遢遢、不好整洁的孩子，他甚至惧怕洗澡，有时连着几个礼拜都懒得洗一次头。为此，同龄的很多小朋友都不愿意与他交往，因为他身上的那股味和他的那副“德性”让小朋友们觉得跟他在一块儿很没面子。然而，邋遢惯了的阿瑟还不明白自己为什么会没有朋友。

一天他问母亲：“妈妈，我为什么没有朋友？而别的小孩却总是三五成群、有说有笑的？”

母亲说回答道：“要让别的孩子接受你，首先必须注意外在的形象，看你那邋里邋遢的样子，别的小朋友怎么会喜欢你呢？”母亲说着拿出一面镜子，放在阿瑟的面前，接着说：“你自己看看，你喜欢镜子里自己的形象吗？”

阿瑟看了看镜子里的自己——头发蓬乱，满脸灰尘，甚至鼻子下还有黑黑的鼻涕印渍。“这样的形象确实让人有些‘恶心’。”阿瑟低着头对母亲说。

“那么，你现在要不要去洗个澡呢？”母亲亲切地问道。

阿瑟说：“我现在希望马上把自己弄干净，好让小朋友们接受我！”

从这以后，阿瑟便非常注重自己的形象，在各种场合他都能保持一个良好的形象，并因此赢得了朋友们的尊敬和好感！

后来，年轻的阿瑟到纽约的一个共和党机构中工作，与他一起进入这个机构的还有他在联邦大学的同学乔治。他们两个人有着一样的学历，对待工作也一样努力，但形象气质却完全不一样。阿瑟注重自己的形象，说话时也总是带着绅士风度；而乔治却不一样，他穿着随意，形象邋遢。

1871年，格兰特总统要任命一名纽约港海关监督，该共和党机构将阿瑟和乔治都上报了国会，因为他们两个人的工作能力都很强，所以拿不定主意该选哪一个较好。总统助理下来作了一番调查之后，格兰特总统在报告上用红笔在阿瑟的名字上打了个勾。

总统对助理说：“阿瑟不错，他的形象正好符合纽约港的形象，符合一个欣欣向荣、朝气蓬勃的大国海关形象。乔治太不注重外表了，形象邋遢，有损海关形象！”

看，阿瑟的良好形象，不仅使他拥有很多朋友，在关键时候还成了他晋升的资本！

后来他的这一“资本”又助他赢得了总统职位，他的好形象为他结交的很多朋友在竞选中为他四处奔走，全力支持他。任总统后的阿瑟感慨地说：“一个人只有具备了良好的形象，才会拥有更多的朋友。而朋友是我生活中最大的安慰！”

良好的形象，在人与人之间的交往中能吸引许多人喜欢你、接近你，能给别人美好的第一印象。它就像磁石一样，会产生巨大的吸引力，能使许多杰出的人聚集在你的身旁。

然而，要想使自己具备良好的形象，不仅在衣着打扮上要得体，而且在言谈举止中也一定要把握好分寸，而这正是一个人气质优雅的重要表现。而不管对方是否愿意听，无论什么话题都大发议论，尤其是当别人谈兴正浓时，就贸然打断话题，这必然会使你的形象大打折扣。

另外，如果你一见到别人，话还没说三句，便开始诉说自己学习如何苦闷、自己的身体状况如何糟糕、命运对自己如何不公，甚至抱怨家人、同学、老师及其他朋友，抱怨一切不如你所愿的事。那么，你不妨试想一下，谁愿意和这样一个喜欢抱怨的人在一起呢？对付这种人最好的办法当然就是避而远之了。

人人都有自尊心。人虽有地位高低之分，但人格是平等的。言谈中时不时怪罪他人，是非常伤人自尊心的事。你是否爱用责问的口气纠正别人的错误？虽然你的

知识万花筒

（美国）共和党(Republican Party)：美国当代的两大主要政党之一，创立于1854年。在现代政治中，共和党被视为社会保守主义和经济古典自由主义的政党。

阅读小感悟

衣着得体和言谈举止优雅，不仅能使你拥有良好的形象，还能使你拥有更多的朋友。

出发点也许是善意的，但在帮助别人之前先责问后解释，犹如先打对方一记耳光然后再塞块糖，这样的做法会让你的伙伴无法接受。

在言谈中，无论你出于何种动机，斜眼看人都会使对方觉得你在蔑视他，或者有敌意和挑衅的倾向。

当然，两眼逼视对方，也会令对方极不自在。如果谈话时一直盯着对方的脸，说明你认为关心这个人比关心谈话内容更重要。一般来说，对自信、乐观且较外向的人，随谈话情绪的起伏可以用多一点时间注视对方，但每次最好不要超过两秒钟。如果对方是个拘谨、内向的人，只看一眼他的脸就够了。

年 月 日

第32天：詹姆斯·布坎南
善于改造自己的气质

一个人的形象和姿态必然显露他内心中的情感，因为形体能表达出其内在的精神。而良好的气质之于人如同热量之于蜡烛，是人与人之间共处的金钥匙！

比如，常挂嘴边的一句“I am sorry”，就能使你透出一种绅士的风度。假设你和其他两个小伙伴三人同行，走在马路上，一字排开，挡住了他人的去路。然而，有人绕过你们之后，还为自己的“强行超越”说了一声“Sorry”，你作何感想？

具有良好气质的人，不但在举止、衣着上给人一种高贵的感觉，而且他的言谈也会显得不卑不亢、直抒胸臆。

言谈是一门艺术，而且是一门古老的艺术，“一人之辩重于九鼎之宝，三寸之舌强于百万之师”。

在人类发展史上，言谈作为一种社会现象，是随着人类劳动、生活和交际活动发展起来的。言谈尽管人人都会，然而取得的效果却大不一样。

知识万花筒

气质：很多心理学家都对“气质”一词下过定义，但通俗来讲，气质是一个人内在涵养或修养的外在体现。《辞海》对“气质”的释义为：人的相对稳定的个性特点和风格气度。

气质与日常生活中人们所说的脾气、性格、性情等的含义相近。人们最容易将气质与性格混为一谈，其实二者并不是一个概念：气质没有好坏之分，且是先天的，与生俱来，不易改变；性格是后天形成的，较易改变。具有某种气质的人更容易形成某种性格，性格可以在一定程度上掩饰、改变气质。气质的可塑性小，性格的可塑性大。

所以，你应该从小就善于“改造”“装修”自己的气质，不仅要在举止、衣着上，而且还要从你的言谈中表现出优雅来！

1791年出生在宾夕法尼亚州富兰克林县的布坎南，幼时便患有大脖子病（即甲状腺肿）。在进入青少年时期，他对自己这种脖子粗大的形象感到很不自在，经常为此烦恼不已。

一日，母亲对闷闷不乐的小布坎南说：“孩子，一个人对于天生的缺陷是没有权利去抱怨的，而外在的缺陷却可以通过努力得以克服。这就是一个人发自内在的一种气质，它可以掩盖不美观的外表，让你得到人们的赞扬和尊敬！”

詹姆斯·布坎南眼中闪出希望的亮光，焦急地问道：“妈妈，那我该怎样做才能拥有掩盖大脖子缺陷的气质呢？”

母亲说：“孩子，气质不是一天两天就能具备的，需要你在平时的生活中时刻注意自己的行为举止并保持言语的得体。”妈妈看了一眼凝神静听的小布坎南，接着说：“孩子，你不但要注意自己在公众场合的举止、谈吐和礼节，而且要积极地向你身边注重形象的同学或朋友学习，然后不断强化练习自己的优雅谈吐和文明举止。最重要的是还要注重文化素质和道德修养，一个人只有文化素质和道德修养提高了，他高贵的气质和优雅的风度才会自然地彰显出来。”

于是，母亲给小布坎南制订了一系列改造气质的方法。首先从言谈开始，母亲要求他注意以下五点原则：

一是真诚坦率的原则。

她要求小布坎南在与别人交谈时，态度一定要认真、诚恳。有了坦率诚笃，才能有融洽的言谈氛围，才能奠定言谈成功的基础。所以，要认真地对待交谈的主题，坦诚相见，直抒胸臆，不躲不藏、明明白白地向老师、同学或朋友表达你的观点和看法。

“发自肺腑的语言才能触动别人的心弦。”真心实意的交流是自信的结

果，是信赖对方的表现，只有用自己的真情激起别人情感的共鸣，言谈才能取得令人满意的效果。

二是尊重的原则。

交谈中，来自对方的尊重是任何人都希望得到的。父母长辈和老师与你虽然在社会地位上有高低、年龄有大小，但在人格上是平等的。所以，谈话时，要把对方作为平等的交流对象，在心理上、用词上、语调上，应充分体现出对对方的尊重，尽量使用礼貌用语。谈到自己时要谦虚，谈到对方时要尊重。

不可恃才傲物、自以为是。恰当地运用敬语和自谦语，不但可以显示出你的个人修养、风度和礼貌，并且还非常有助于交谈的成功。

三是言之有物。

言谈要有观点、有内容、有内涵、有思想，空洞无物、废话连篇的话是不会受任何人欢迎的。没有材料做凭证，没有事实做依据，再动听的语言也是苍白和乏味的。

因此，要明确地把话说出来，将你要传递的信息准确地输送到对方的脑中，正确地反映客观事物，恰当地揭示事实，贴切地表达思想感情。

四是言之有理。

不论内容丰富与否，都要言之有理、持之有据。有理才能站得住脚，有据才能使别人信服；有理有据方能增强交谈的感染力，增强语言的表达效果。

言之有理，分析透彻，不但是交谈成功的重要原因，也能给人以鲜明的印象。

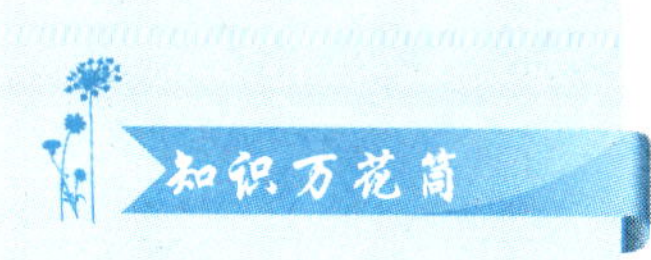

九鼎：夏朝初年，夏王大禹将天下划分为九州，令九州州牧贡献青铜，铸造九鼎，并命人将全国九州的名山大川、奇异之物镌刻于九鼎之身，以一鼎象征一州，然后将九鼎集中于夏王朝都城。这样，九州就成为中国的代名词，九鼎便成了王权至高无上、国家统一昌盛的象征。

自以为是：出自《荀子·荣辱》："凡斗者必自以为是，而以人为非也。"此句意为：大凡爱争辩的人，一定认为自己是正确的，而对方是不正确的。《孟子·尽心下》也曾提及："众皆悦之，自以为是。"

五是言之有序。

有时候，你可能由于紧张的缘故，常常一段话没有中心，想到哪儿就说到哪儿，“东一榔头，西一棒槌”。这给人的感觉是杂乱无章，词不达意，让人不知所云。

所以，言谈时，思路要清晰，内容要有条理，布局要合理，而且最好先打好腹稿。

母亲还为小布坎南在拜访他人时的礼节上作了细致入微的安排。尤其是对长者，她要求小布坎南在拜访前多了解长者的生活习惯、生活方式及个性特征，以便有针对性地“入乡随俗”。

到被访者家做客时，进门前要擦掉脚上的泥巴或尘土。如果是雨天，更要把雨伞或雨衣上的水珠甩掉并整理一下衣冠。待准备停当后，再去敲门或

按门铃。敲门要注意力度和节奏，切忌大声喊叫。按门铃也不能过急或过长。即便被访者的家门是开着的，也不宜长驱直入，还应叩门通知一下，听到“请进”后方可入内。

到达被访者室内后，要向被访者及其他在场人士问候，对长辈要表现出敬意。待被访者安排座位后才能就座，没有听到“请坐”的礼貌用语，就大大咧咧地坐下去是很不礼貌的行为。

如果主人的房子装修得很漂亮，进门后要脱掉鞋子，换上拖鞋，要把外衣、雨具、礼物等交给主人安放，以保持主人家的清洁。主人递上茶水，不管用与不用，都要道谢。果皮要放到垃圾篓内，不能乱丢。

找人办事儿，如果事情已得到许诺，应尽快起身告辞，在握别的同时，应伴之以“麻烦您了”“拜托了”“留步”等寒暄语。

具有良好道德修养的人，才会自然地显示出优雅得体的举止和文明礼貌的谈吐，此所谓“诚于中而形于外”。

一个人如果不注重道德修养的提高，不加强个人文化素质的培养，只在表面形式上下功夫，这种“假斯文”势必事与愿违，贻笑大方，反倒会给自己的形象抹黑。

詹姆斯·布坎南严格按照妈妈给他制订的这些条例，渐渐养成了庄重优雅的气质，他大脖子的缺点也被他优雅的气质所掩盖了。他入主白宫以后，也一直保持着自己优雅的气质，并且痛恨那些穿着非常讲究，但举

“诚于中而形于外”：出自《大学》：“此谓诚于中，形于外，故君子必慎其独也。”“诚于中”是思想的活动，“形于外”是行为的表现。“诚于中，形于外”，意为表里一致。全句意为：这就叫作内心的真实一定会表现到行为上来。所以，品德高尚的人哪怕是在一个人独处的时候，也一定会谨慎。

阅读小感悟

要想让自己具备优雅的气质，必须从小就注意自己的衣着打扮、行为举止和言谈的分寸。

止和言谈轻浮的人。

1861年3月，詹姆斯·布坎南退隐回到宾夕法尼亚州的家乡，他想装修一下自己的老房子。一天，有个在当地很有名的装修公司的经理来到布坎南的住处，“咚、咚、咚”使劲地敲了敲布坎南的房门。

布坎南开了门，经理进去后立即一屁股坐在椅子上，跷起二郎腿，然后对布坎南说：“先生，我是莫卡尔装修公司的业务经理，我来看看你要装修的房子。”

布坎南见他如此无理，虽然不悦，但想这个人毕竟还算爽快，也就勉强问道：“你们公司实力如何？”谁知他说声“没问题”后，便开始口沫横飞地夸自己的公司如何如何好，说着竟突然“噗”地一声向地板上吐出一口痰来，然后竟然还若无其事地大谈特谈。

布坎南忍无可忍，说道：“先生，你们的装修技术可能很好，但我建议您先把自己装修好了再来和我谈业务。”然后就将此人赶了出去。

也许你已经将自己的外表打扮得非常优雅，甚至让人挑不出毛病。但是，你注意到你的言谈举止了吗？在日常生活中，我们常会遇到一些人，由于一些微不足道的缺点，而成为一个不受欢迎的人，一定要引以为戒。

年　　月　　日

第33天：拿破仑·波拿巴

真正的优雅，是由内而外的

优雅的气质是一种内在美。表面的优雅只是内在素质的一种具体表现形式。真正拥有优雅气质的人不仅要有整洁的外表、得体的言行，更要有一颗真善美的心。真正的优雅，是由内而外的，而不仅仅是外表的美丽。

一天，一位皇帝和他的近侍在军营附近散步，发现三名骑士正在争论着什么。侍卫正要上前询问，皇帝挥挥手，阻止了他。两个人悄悄地走过去，想听听他们在说什么。

没几句，皇帝就听明白了他们在争论什么，原来是帝国卫队的骑士长和副骑士长正在争论该不该让一位骑士参加皇帝陛下的检阅，而旁边默不作声的那位骑士就是他们争论的人。

原来，这位骑士参加了帝国大大小小无数次战役，战功赫赫，可是他的长相却让人不敢恭维，而且因在战争中多次受伤，脸上留下了难看的伤疤，而且腿还有一点瘸。

阅读小感悟

你在培养自己优雅气质的时候，可能只注重于语言、衣着、举止等，而忽略了你的内心。殊不知，真正的优雅气质，不仅仅是表面上的，更是内心的优雅自然而然地从言行举止中透露出来的。

骑士长认为，皇帝陛下亲自检阅军队，一定要挑形象和气质最好的士兵，如果让这名骑士去，一定会影响队伍的整体表现。更让人担心的是，如果惊吓到了皇帝陛下，那后果就严重了。

而副骑士长则认为，这名骑士是帝国最勇敢的士兵，他完全有资格接受皇帝陛下的检阅和接见，并不能因为他的外貌而让他失去这次获得荣誉的机会。

皇帝朝他们走过去，三人看见皇帝陛下走来，都急忙行礼。皇帝毫不客气地问骑士长："刚才你们的谈话，我都听见了，我问你，你认为军人形象和气质的标准是什么？"

骑士长回答："举止优雅、谈吐幽默、体格雄壮、精神焕发，皇帝陛下！"

皇帝笑了一下："那么照你说的，士兵们都不用去打仗了，穿戴整齐，一起去参加政治家的舞会就好了。"

骑士长还要分辩，皇帝厉声喝道："退下！"他只好躬身退了下去。

皇帝然后又问副骑士长："你为什么和他争论？你认为这名骑士应该参加检阅的理由是什么？"

副骑士长回答："皇帝陛下，帝国正是靠这些勇敢的士兵才打下来的，我认为外貌并不应该成为评价士兵的标准。"

皇帝点点头："说得好！"

皇帝转过头，问骑士："你想亲自接受皇帝的检阅和奖赏吗？"

"是的，皇帝陛下！"

"为什么？"

"皇帝陛下，因为接受皇帝的检阅是一名骑士最大的荣誉！而荣誉是军人的第一生命！"

皇帝露出赞许的神色，继续问："那么，刚才他们争论的时候你为什么不为自己争辩？"

"因为服从是军人的第一天职，皇帝陛下！"

"那么你认为评价一个优秀的士兵的标准是什么？"

“效忠国家、坚决勇敢、奋勇杀敌，皇帝陛下！”

皇帝禁不住鼓起掌来，他对骑士长说：“你听见没有！你只强调气质，可是你懂得军人的真正气质是什么吗？军人的真正气质就是这位骑士所说的——视荣誉为第一生命，视服从为第一天职，效忠国家、作战勇敢。你说的那些都只不过是表面上的东西，如果‘金玉其外，败絮其中’，那外表再好看，又有什么用！真正优雅的气质应该是由内而外的。”

骑士长低下了头，皇帝转身离开，留下一句话：“明天检阅的队伍中我希望第一眼就能看到这位充满个人气质和魅力的勇敢骑士，我要亲自给他授勋，我要他做我的将军！”

这位皇帝就是法兰西第一帝国的创建者拿破仑·波拿巴，他对一个人的气质作出了精辟的论述——真正优雅的气质应该是由内而外的。

然而，拿破仑在小时候，也曾为这一问题苦恼不已！小时候，拿破仑所在的学校开设了礼仪课，礼仪课的主要内容就是教孩子们适当的言行举止，从小培养孩子优雅的气质。

可是拿破仑个子矮小，加上他的长相也很一般，尽管他努力学习，力争达到老师要求的标准，可是一位同学却嘲笑他说：“拿破仑，你别练了。你练好了到时候参加宴会，还没有桌子高，大家也看不见。再说猴子即使怎么讲礼仪，也看不出什么气质来。”这番话顿时引得哄堂大笑。

拿破仑沮丧地回到家，父亲问他出了什么事，他如

人物博览馆

拿破仑·波拿巴：法兰西第一共和国执政、法兰西第一帝国皇帝，出生在法国科西嘉岛，是一位卓越的军事天才。他多次击败保王党的反扑和反法同盟的入侵，捍卫了法国大革命的成果。他颁布的《民法典》更是成为资本主义国家的立法蓝本。他执政期间多次对外扩张，形成了庞大的帝国体系，创造了一系列军事奇迹。

知识万花筒

法兰西第一帝国：法国拿破仑一世统治时期建立的资产阶级军事专制国家。1804年5月18日，《共和十二年宪法》颁布，宣布法国为法兰西帝国，拿破仑·波拿巴为帝国皇帝，称拿破仑一世。这就是历史上盛极一时的法兰西第一帝国。

实回答了，并且说：“爸爸，我不想学这门课了，反正我长得又矮又难看，练了也没什么用，不可能有优雅的气质的。”

父亲完全能够理解儿子的心情，他这个时候又怎么忍心责怪儿子呢？有这样的心态，即使让他勉强坚持去学，对他的成长也没什么好处，所以必须要从心理上改变拿破仑的想法，于是对拿破仑说：“那在你心目中，优雅的气质是怎样的呢？”

拿破仑想了想，对父亲说：“就像劳伦斯小姐那样。”劳伦斯小姐是当时著名的交际花，就住在拿破仑家附近，她身材窈窕，脸蛋漂亮，善于言谈，举止得体，在交际圈内十分出名，拿破仑一时想不出怎么定义气质，就拿劳伦斯小姐作比喻。

父亲又问拿破仑：“那么如果劳伦斯小姐和斯特劳司神父同时在你面前，你更喜欢和谁在一起呢？”斯特劳司神父是当地教区的一位老神父，他心地善良，总是尽力去照顾那些穷苦的人，常年的操劳使他躬腰驼背、须发皆白。他尤其喜欢孩子，所以他兜里总会带些好吃的。孩子们也很喜欢斯特劳司神父，斯特劳司神父一出现，就会有一群孩子跟在他后面又蹦又跳。

拿破仑毫不犹豫地说：“当然是斯特劳司神父！”

父亲问：“为什么呢？”

拿破仑想了很久，回答说：“我也不清楚，反正……斯特劳司神父让人觉得很亲切，而劳伦斯小姐则让人觉得冷冰冰的。”

父亲笑着说：“这就是了，熟透的苹果为什么能散发清香，不是因为它有华丽的外表，而是因为它有成熟的内心。如果只是外表美丽，而内心已经腐烂的话，那么再好看的苹果也一文不值。”

“劳伦斯小姐虽然举止言谈都很得体，人长得也漂亮，可是她那外表的优雅只在对着那些达官贵族的时候才表现出来。在碰到穷苦的人的时候，她就马上变得十分冷淡。这种表面的气质并不是优雅，而是一种虚伪、做作的表现。”

“而斯特劳司神父看起来老迈不堪了，可是孩子们都喜欢他，人们都尊敬他，

大家看见他就有想亲近的感觉，这完全是因为他有一颗美丽而善良的心啊！这样的气质才是真正的优雅。”

“真正优雅的气质是发自内心，并在外表和言行中表现出来的，比如自信、乐观、勇敢、坚毅，可以从眼神中看出来；一个人的礼貌、善良、宽容则可以从微笑和语言当中表现出来。这种不经意的流露会让人感到亲切自然，而那些刻意地做出来的动作和微笑，看起来就很虚伪，没人会喜欢。”

拿破仑高兴地说：“我明白了，爸爸，只要内心优雅就可以了，外表无所谓！”

父亲说：“不是的，一个人的外表有些东西是不可改变的，比如容貌、身高。这些都和气质没关系。但是那些可以改变的，还是应该注意，比如言谈举止，你会喜欢一个举止粗俗、脏话连篇的人吗？”

拿破仑点点头，说：“我明白了，爸爸。比如穷人，即使穿的衣服破烂，可是只要整洁干净，也照样可以抬头挺胸地生活。”

拿破仑果然没有辜负父亲的一番教导，长大以后成为万人仰视的对象——他无与伦比的个人气质让全世界的人们，甚至包括他的敌人都对他心生敬意。

神父（Father）：即基督教中神甫、司祭、司铎的尊称，通常是一个教堂的负责人。神父是罗马天主教和东正教的宗教职位，只有男修士才可担当此职位。

阅读小感悟

每个人都希望自己是完美的，但有些不可改变的情况并没有必要去强求改变。事实上，培养自己优雅的内心，比培养完美的外表更重要，由内而外地散发优雅的个人气质比你单纯地去做一个花瓶或者一件摆设要实际得多，也重要得多。

给男孩的建议

要想让自己具备优雅的气质，你可以先试着从站、坐、走、吃开始做起。在社交场合中，未开口说话之前，人们首先感觉到的是你的走、站、坐、吃的姿态。好的行为姿态不仅能让你拥有一个优雅的形象，还能使你赢得别人的尊敬和认可！

1. 站有站相

在站立时，切忌无精打采，东倒西歪，或者耸肩勾背，否则会破坏你的形象。

站立谈话时，两手可随谈话内容适当做些手势，但在正式场合，不宜将手插在裤袋里或交叉抱在胸前，更不要下意识地做小动作，如摆弄衣带、咬手指甲等。这样做不但显得拘谨，给人以缺乏自信的感觉，而且也有失庄重。

2. 坐有坐相

落座以后，两腿不要分得太开；当两腿交叉而坐时，悬空的脚尖应向下，切忌脚尖向上，并上下抖动。

另外，背部也要挺直，不要弯胸曲背。轻松自然、落落大方即可。

3. 走有走姿

人的正常行走姿势，应当是身体挺立，两眼直视前方，有节奏地向前迈步，并大致走在一条等宽的直线上。行走时，应尽量步履轻捷，两臂在身体两侧自然摆动。

4. 吃有吃相

在入座之后，你可以一面做就餐的准备，一面和同桌的人进行随意的交谈，以创造一种和谐融洽的用餐氛围。

开始用餐时，应注意只有当主人示意开始后，你才可以食用，并且用餐的动作要文雅，夹菜时不要碰到邻座的客人。

要特别指出的是，使用筷子在我们长期的生活实践中形成了一些礼仪上的忌讳，这些你也应该有所了解：

忌敲筷子，即在等待就餐时，不能手拿筷子随意敲打；

忌掷筷子，即在发放筷子时要轻，距离较远时可以请人递过去，不能随手掷在桌上；

忌叉筷子，也就是不能一横一竖交叉摆放筷子。

忌插筷子，即不论在何种情况下，都不能把筷子插在菜中或饭碗里。

跟我来阅读

阅读主题11：加强自我调控能力的培养

对于生活经验相对贫乏的你而言，一次考试的失误、一场足球比赛的失利，甚至是游戏中的一个小小挫折，都可能使你产生一种长期的沮丧情绪，夺走你应有的快乐、自信和进取心，使你终日生活在失落的阴影里——这对成长中的你而言，是极为危险的！

第34天：纳尔逊·曼德拉

尽早吹散沮丧的阴云

希望和失望是一对孪生兄弟。当你处在一种失望的沮丧情绪中时，也正是你加强自我调控能力、奋发向上的一个好时机！

1918年7月18日，南非特兰斯凯省乌姆塔塔的一个藤布族酋长家添了一个男孩，这个男孩就是后来世界上最伟大的黑人领袖、诺贝尔和平奖获得者、南非总统纳尔逊·曼德拉。

曼德拉的童年时代正是南非种族歧视最严重的黑暗时期。300多年的种族隔离制度，使生活在非洲南部的

南非：地处南半球，有“彩虹之国”的美誉，位于非洲大陆的最南端，其东、南、西三面被印度洋和大西洋环抱。南非矿藏丰富，黄金、铂族金属、锰、钒、铬、硅铝酸盐的储量居世界第1位，其中黄金储量占全球总储量的60%。

这个三面环海的国家的黑人和其他有色人种，备受歧视和压迫。占社会人口少数的白人控制了整个南非的政治和经济，黑人和大部分有色人种则毫无社会地位可言。

少年时的曼德拉学习十分刻苦，成绩也很优秀，在学校里一直名列前茅，老师对他赞不绝口。可是中学毕业的时候，他却遇到了不小的麻烦。

虽然曼德拉的成绩十分优异，可是却没有任何一所大学肯录取他，因为种族歧视政策，几乎所有的大学都拒绝招收黑人学生。

经过艰苦的努力和不懈的争取，曼德拉终于进入了当时非洲唯一一所招收黑人学生的大学——黑尔堡大学。

然而噩梦并没有结束，不断地有白人学生嘲笑曼德拉：

“瞧啊，我们这里又来了一个黑鬼傻瓜！”

“学什么呢？你们黑人只有做奴隶的命，而我们高贵的白种人才是真正的统治者。”

“滚开！黑猪，别把你的愚蠢传染给我们。”

除了难以入耳的恶劣讥讽，有些白人学生甚至对曼德拉拳脚相加！一直受家人和老师宠爱的曼德拉难以忍受这种赤裸裸的侮辱与歧视，对前途也感到迷茫起来。

沮丧的情绪彻底控制了曼德拉，他开始不再用心学习，长时间把自己关在宿舍里，对前途完全绝望。在给父亲的信中，他写道：“爸爸，我发现以前的一切努力都是白费。在命运的巨大车轮面前我是如此孱弱，一步步走向深渊，却无力反抗。我感觉整个世界都变成了灰色，我的周围充满了沼泽和迷雾，没有路可以走。”

长时间被白人欺压的父亲完全能体会儿子当时的心情，他在给儿子的回信中写道：“亲爱的孩子，不要让沮丧的烟云迷住了你的双眼和灵魂。乌云尽管可以遮天蔽日，可是太阳依旧永恒存在，绝对不能因为一件伤心的事情，就从此摒弃生活中一切有价值的东西。

“同样是神的子民，不管是黑人还是白人生而平等，不存在孰优孰劣，你

以前的成绩就证明了这一点。沮丧是人生的毒药，它会使你愁眉苦脸，不思进取。

“勇敢地从沮丧的情绪中走出来吧，我的孩子！积极地面对生活，你会发现，一切依然美好。”

在父亲的不断鼓励下，曼德拉很快调整好了自己的心态，走出了沮丧的阴云，从此他积极地面对生活，奋起反击。很快，他的学习成绩就远远地超过了那些歧视他的白人学生！

后来，曼德拉投身到反对白人种族主义统治的学生运动中，不久迫于政府的压力，曼德拉被学校除名。这次曼德拉没有丝毫沮丧，而是更加乐观、勇敢地投入黑人解放事业中去。1941年，这个黑人酋长的孩子，离开了他所居住的山谷，来到南非第一大工业城市——约翰内斯堡，并加入了维护非洲人民利益的组织——非洲国民大会（非国大），不久就成了非国大的主要领导人之一，开始了革命生涯。

父亲的教导已经深深地铭刻在曼德拉的心里，不管革命工作多么艰苦，曼德拉都能迅速地调整好自己的心态，不让沮丧和失落等负面情绪占据自己的心灵。1952年，南非当局颁布了《人口登记法》，为了抵制这个法令，曼德拉发动了“蔑视运动”，号召黑人罢工罢市，成群结队地走进白人专用的公共场所。

这是南非历史上第一次有组织地反对种族主义的群众运动，引起了白人统治当局的恐慌。政府下令禁止曼德拉参与政治活动，但是曼德拉却获得了人民的广泛支持，被选为非国大副主席。

种族隔离制度：一般情况下特指南非的种族隔离政策，为1948年至1990年间在南非共和国实行的一种种族隔离制度。这个制度对白人与非白人（包括黑人、印度人、马来人等）进行分隔并在政治、经济等各方面给予非白人以不公平待遇。

约翰内斯堡：南非最大的城市，始建于1886年，原是一个探矿站，后随着金矿的发现和开采迅速发展成为南非最大的城市。约翰内斯堡地处世界最大金矿区和南非经济中枢区的中心。附近绵延240千米地带内有60多处金矿。约翰内斯堡属全年温暖的亚热带气候。

1958年，曼德拉被捕入狱。政府的高压政策并没有使他屈服，他对战友说："我的父亲对我说过，沮丧是人生的毒药，它会使你愁眉苦脸，不思进取。我已经服过一次这种"毒药"了，我再也不会让沮丧占据我的生活。"

出狱以后，曼德拉继续领导南非的黑人解放斗争，但在1962年8月5日再次被捕，从此开始了长达27年的铁窗生涯。

漫长的囚禁生活不但没有消磨掉曼德拉的斗志，反而更坚定了他斗争的决心。他战胜了沮丧、失望的情绪，在监狱中读完了伦敦大学法律、经济和商业课程，并自学了一门外语。

1990年2月11日，年近71岁的曼德拉终于走出监狱，迎接他的是热情的南非人民和2000多名来自世界各地的记者。曼德拉出狱的第一张照片被人以百万美元买走。

1994年5月10日，曼德拉当选为南非第一任黑人总统，他彻底废除了统治南非300多年的种族隔离制度。当被问及是如何度过那漫长的27年时，曼德拉说：

"我应该感谢我的父亲，是他教导了我如何锻炼自己的自我调控能力，即使是在困境中，我也不会让沮丧等负面情绪控制我的内心。人总要向前看，而不是活在过去。"

"有很多人总爱活在过去的世界里，对现在的生活不感兴趣。过去也许对他们来说是美好的、幸福的，也许是不幸的、悲痛的，但无论是哪一种，你都不能永远活在你的过去。因为你所面对的是现在和将来，过去的美好或者不幸，不能代表你的未来都像过去一样幸福或不幸。"

处于沮丧的情绪中时，你最需要的就是父母的安慰和鼓励。所以，当你无法控制自己的情绪时，你不妨去寻求父母的帮助，这不是什么丢脸的事情，而是每一个孩子成长的必经之路。

作为父母，他们会在你陷入失落中时，向你伸出充满鼓励和信任的双手，为你拨开乌云，把你从沮丧的情绪中拉出来，让你像雄鹰一样飞得更高、更远！

年 月 日

第35天：威廉·麦金莱
以平静之水浇灭愤怒之火

作为孩子，当你在遭受挫折或者委屈的时候，由于应变能力和自我调节能力有限，经常表现出来的是歇斯底里的愤怒情绪。而你的父母也许会认为这是你真性情的体现，和婴儿的啼哭没什么区别，所以可能往往不加理会。

但事实上，愤怒是一把不受主人控制的双刃剑，它在你伤害别人的同时，往往也会深深地刺伤你自己。不轻易发怒的人，胜于勇士；制服自己心灵的人，比夺取一座城市的人还要顽强。

诚然，愤怒和兴奋一样，作为一种正常的情绪，偶尔的爆发是不可避免的。可是作为孩子的你现在正处于性格定型的阶段，如果经常表现出愤怒的情绪，那将是一个很危险的前兆。所以，当你愤怒时，应该学会用平静之心来浇灭愤怒之火。

一个周末，父母都出去忙了，威廉·麦金莱独自一个人在家里玩耍。他平常最喜欢的游戏就是把家里所有

知识万花筒

双刃剑：古时单刃为刀，双刃为剑。古时人们赞赏剑的锋利，是因为它能给持剑者以威猛、豪爽与侠气的感觉，且具有很强的杀伤力。不过现在它已被赋予了一种深刻的寓意和丰富的内涵，多指任一事物均具有两面性。“双刃剑”要求我们对事物要进行正反两方面的认识，特别要注意预防负面影响。

的抽屉全部打开，然后把其中的杂物按照自己定的规则放好，其结果往往是母亲对着整齐的抽屉却找不到想要的东西。

不过今天麦金莱没有玩他平常的游戏，他要给他的小狗卢比“改造房子”。

下午，父母在回家的路上碰到了一个莽撞的司机，麦金莱的父亲差点儿被撞倒，所幸只是衣服划破了，受了一点擦伤。麦金莱的父亲倒是觉得没什么，可是母亲却对那个司机十分恼火。

麦金莱的母亲想把丈夫刮破的衣服补好，却怎么也找不到自己平常放在沙发旁边的针线盒。

“威廉，你来一下。你把我的针线盒弄到什么地方去了？”麦金莱以前曾几次把妈妈的针线盒收了起来。

“我没有动你们房间里的东西，妈妈。”麦金莱从院子里跑了进来，脸上和衣服上全是草屑和土，后面跟着脏兮兮的小狗卢比。

本来就心里不痛快，看到麦金莱这个样子，母亲的脸立刻阴沉了下来，不过她还是尽量克制自己：“威廉，你知道，我最讨厌说谎的孩子。你把针线盒拿到哪儿去了？”

麦金莱感到委屈极了：“我没有说谎，妈妈。我真的没有看见那个盒子。”

“早上还在沙发旁边。白天只有你一个人在家，不是你拿的难道它长翅膀飞了不成？”母亲生气了，声音高了起来，同时也扬起了手。

“我就是没有拿，你打我也没有用！”麦金莱终于控制不住，大哭起来，转身跑进了自己的房间。

麦金莱在房间里越哭越伤心，越想越生气，他把能拿动的一切东西到处乱扔，打碎了台灯，把玩具熊的胳膊扯下来扔到了角落里。卢比想过来安慰它的小主人，也被麦金莱踢得嗷嗷叫。

父亲被惊动了，了解了情况以后，他把麦金莱和妻子叫到了一起：“来，我们来瞧瞧，我的两个宝贝出了什么事。”麦金莱的爸爸满脸笑容，母子俩都有点儿不好意思。

他先对妻子说："亲爱的，当你发现盒子不在原来的地方的时候，你可以有这么几个主意：一是问问小威廉，二是问我一下，三是想想是不是自己把它放在什么地方了，四是自己找一下看。"

然后又转向麦金莱："孩子，妈妈叫你的时候，你应该解释一下，然后帮妈妈找，或者叫我来。瞧，是什么让两位什么也没干却变得这么不愉快呢？"

麦金莱和妈妈都低下了头。妈妈抱住麦金莱说："对不起，孩子，我不该乱发脾气。"

"我也是，妈妈。"麦金莱把头埋在妈妈怀里。

麦金莱的父亲拿出了被麦金莱扯坏的玩具熊："噢！可怜的杰莉米！"然后又抱起被麦金莱踢得一瘸一拐的小狗："噢！可怜的卢比！"看着他夸张的样子，母子俩忍不住都笑了。

父亲划着一根火柴，直到火柴烫到了手才扔掉，他一边甩手一边说：

"你看，孩子，愤怒就好像是划着的火柴，不仅会烫伤别人，也会烧伤自己。有许多人，他们因为火暴激烈的性格使自己的生活变得一团糟，毁灭了无数真与美的事物，同时也葬送了自己安宁的生活。"

"浇灭愤怒之火的唯一方法就是保持一颗平静的心。坚强、冷静的人总是受到人们的尊敬，因为他像是烈日下一棵浓荫片片的大树，或是暴风雨中抵挡风雨的岩石。"

听完了父亲的话，麦金莱沉思起来。

这件小事，对麦金莱的成长带来了巨大的影响。每

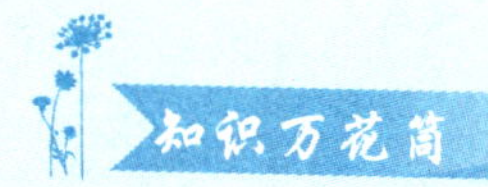

议员：议员即议会的组成人员，是由人民选出、于议会等各级机关代表民意的委员。他们执行对同级行政机关的预算审核权、听取报告及质询，有些议会有立法权及人事同意权。美国国会由参议院和众议院两院组成，两院共有参议员和众议员535人。

阅读小感悟

心灵的平静是智慧与成熟的标志，它来自于长期耐心的自我控制。心灵的安宁意味着一种成熟的经历以及对于事物规律的不同寻常的深入了解。当你学会抑制自己内心的愤怒情绪时，你就已经在成长的路上向前迈出了一大步。

当愤怒的情绪侵袭时，他就会想到妈妈伤心的泪水、爸爸语重心长的话和一瘸一拐的小狗卢比，就会尽量控制自己的情绪，用平静的心熄灭愤怒的火苗。

当选总统以后，他获得了巨大的荣誉，但这也意味着要和更多不同政见的人相处，还要经常面对一些对政府政策不满的愤怒的人群，但麦金莱总是能大度地去聆听他们的意见，用平静的心态来缓和对方的情绪，从而获得了广泛的尊敬。

有一天，几位议员怒气冲冲地走进麦金莱的办公室，向他提出抗议。为首的那个议员脾气暴躁，开口就骂，喋喋不休。

而麦金莱却显得非常平静。他制止了闻讯而来的保镖，因为他知道，现在无论怎么解释，都会导致更激烈的争吵，这对自己所坚持的政策很不利。于是他一言不发，默默地听着这些人叫嚷，任凭他们发泄胸中的怒气，直到这些人都说得筋疲力尽了，他才用温和的口气问道："现在诸位觉得好些了吗？"

因为这件事，麦金莱的威信又增加了不少，在他总统任期将满时，很多民众都呼吁他连任。

愤怒的情绪容易让人失控，使人不能理智地得出结论和处理问题。如果你时常愤怒，就可能会做出一些不计后果的事情，这对你心理上的健康成长是十分不利的。所以，你应该在父母的帮助和引导下，尽力提高自己心理上的调节控制能力。

年　月　日

第36天：普京

学会把握自己的人生方向

我们在向理想进发的过程中，总是会由于某种原因而偏离正确的方向——可能由于顽皮和贪玩，经常会很晚才回家；也可能因为兴奋和冲动而做出一些出格的事来，但是，无论在什么时候，都要时刻牢记自己当初的梦想，并随时调整自己的人生方向，不要等错过了才追悔莫及。

其实，几乎所有人在他们的人生中都会出现偏离正确的人生轨道的情况。但是，只要能及时地发现并重新调整，实现心中的梦想仍是有希望的。

被许多女性称为“最有魅力的男人”的俄罗斯总统普京，在年少时也是一个像我们一样淘气顽皮的孩子，曾有一家俄罗斯媒体这样形容年少时的普京：“普京的童年与我们一样！”是的，总统也是凡人，也会有和我们一样的童年。

普京在上小学之前，由于父母把他看得很紧，他只能在院子里玩。但是，对于一个懵懂的孩子来说，外面

人物博览馆

普京：俄罗斯现任总统。2000年至2008年任总统期间，使俄罗斯在军事与政治实力上均有相当程度的提升。他是一位“铁腕总统”，在俄罗斯国内获得了极高的支持率。2007年，普京被美国《时代》周刊选为当年的“年度风云人物”。2008年，普京卸任总统后，二度出任总理。2012年3月，普京第三次赢得总统选举，得票率为64.9%。普京1952年10月7日出生于俄罗斯的圣彼得堡（旧称列宁格勒），1975年毕业于列宁格勒大学法律系。

的世界对他的诱惑实在是太大了。他有时候会不听家长的告诫，偷偷地溜出院子找小伙伴们玩。

普京8岁才开始上学，这个时候，他那不安分的性格更是显露无遗。

普京回忆说："起初，第一堂课我差不多都要迟到，所以冬天我根本就来不及好好穿衣服。后来为节省时间，我想了个'妙招'：干脆不穿外套，飞也似地往学校跑，从此我便能准时坐到课桌旁了。"

在学校里，普京对那些规章制度不屑一顾，他可不喜欢去遵守那些死的条条框框。

他经常逃课、打架，跟那些同样调皮的学生发生冲突。在11岁的时候，他曾屡次激怒他的体育老师，还撕毁数学课的家庭作业，素描课几近不及格。因此，他直到六年级的时候才戴上红领巾，而他的同学在三年级时就已经戴上了。

有一段时间，他与物理老师的关系闹得很僵，甚至还被物理老师赶出过课室。当时的学生评分标准共分为5个等级，普京的数学和自然只得了3等，绘画只有2等。淘气的时候，他还曾向别的同学扔黑板擦。

他的老师德米特里耶夫娜曾在书中写道："在学校时，沃洛佳（普京）总是能够成功地从邻桌的练习本上看到些什么，或左或右，有时还回头看看后面同学的练习本。他还会经常钻到桌子底下，不是钢笔没了就是铅笔掉到了地上。课间休息的时候，他会到各个楼层'巡视'一圈。"

普京小的时候差点成了小混混，他和一群街头小流氓交往甚密，那些孩子抽烟、说脏话，甚至还喝酒。普京一开始觉得"听他们说话很有意思"，觉得他们与别的孩子不一样，跟他们在一起似乎比较"风光"。但是，很快他便开始失望了，这些人几乎不干什么正经事，成天混在一起干一些惹人嫌的坏事。普京逐渐意识到，自己再不能那样"混"下去了，老是和同学们打架可不是什么好事，应该有自己的追求！

后来，普京做了一名间谍，从此开始了他的从政生涯"。在做间谍期间，他从一名新手迅速成长为经验丰富的行家，而且他对工作极其负责。

据普京一名代号为M的同事回忆："普京非常聪明，自制力极强。他不酗酒，不抽烟，不追求金钱……总能控制住自己的情绪。他一定有弱点，但我没有发现。"

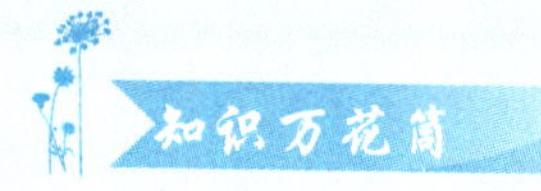

知识万花筒

素描：用木炭、铅笔、钢笔等，以线条来画出物象明暗的单色画，称作素描。单色水彩和单色油画也可以称为素描。我国传统的白描画和水墨画也可以称之为素描。通常讲的素描多指铅笔画和炭笔画。素描是学习一切绘画的基础。

阅读小感悟

年少时的我们，很有可能会偏离实现梦想的正常轨道，这不重要，重要的是，我们能及早意识到问题并及时调整方向，为着那心中最美好的理想而奋斗！

年　　月　　日

第37天：詹姆斯·波尔克

走出抑郁的心境

抑郁是一种消极的心理状态，它是一种精神上的疾病。抑郁症患者常常表现出心情抑郁、精神不振、情绪低落等症状。

如果患了抑郁症，那么在生理方面可能就会表现出头痛、头晕、耳鸣、口干、心悸、胸闷等症状。当你发现自己已经表现出上述症状时，必须对此予以足够的重视。

美国历史上的第11任总统詹姆斯·波尔克，从小天资聪颖，连续跳了几级，被老师、同学们视为“小神童”。父母也以他为骄傲，早早地为他准备好了上大学的费用。

可是，一件小事却几乎毁了这一切。为了中学最后一个学期的期末考试，波尔克正尽全力做着准备，但是，也许是因为用功过度，或者是体质较差的缘故，他患了重感冒，连续发了几天高烧。

“这次就别考了吧！”母亲关切地说。

而波尔克一贯好强，他知道自己的身体不够强壮，又不善农活，将来要想有所成就，只有读书这一条路！他暗下决心：“我一定要以优异的成绩考取一所大学！”

波尔克等高烧稍一退，就带着药片上了考场。

波尔克考出的成绩并不差——全班第18名，他被北卡罗莱纳大学录取了。可他一直是以班级第一的成绩过完整个中学生活的，这样的成绩给了要强的波尔克很大的打击。整整一个寒假，他都郁郁寡欢，食欲不振，体重一下子减轻了12斤。

进入北卡罗莱纳大学后，波尔克却无心听课，不是喊头痛，就是嚷恶心，一周要请两三天假，父母带他去医院检查，却未发现任何异样。这让波尔克的父母焦急万分，四处寻找能医治波尔克"怪病"的医生。

后来，波尔克的父母终于从一位心理医生那里了解到，波尔克的"病根"是在心里。他的心理和生理年龄都还太小，长期以来又都处在一个如鱼得水的环境中，所以一旦遭受挫折，即使是在外人看来极小的挫折，也会因为情绪的急剧低落而引发抑郁症。

得知这一情况后，波尔克的父母觉得这并没有什么，只是经常宽慰波尔克几句："这没什么大不了的，你还年轻，有机会成为第一！"

然而，波尔克的情绪却越来越低落，整天待在屋里，对日常活动包括业余爱好和娱乐的兴趣明显减退，甚至对前途悲观失望，觉得生活毫无意义。他常常沉思，回忆着那些不愉快的往事。而平时一有点什么小事，他就往坏处想，比如厨房里的水一开，水壶发出响声，他就会神情激动地说："家里着火了，赶快救火！"

波尔克时常说自己是低能儿，一无是处，别人做得总比他好。为此，他总是唉声叹气，还非常容易莫名其

人物博览馆

詹姆斯·波尔克：安德鲁·杰克逊的忠实门徒，有"小山核桃"之称，他在1844年大选成僵局时，异军突起，当选总统。在短短的四年任期内，他完成了对选民的四大承诺：降低关税，恢复独立国库制，解决俄勒冈边界问题，取得加利福尼亚地区。他把美国领土向北扩张到北纬49°一线，向西扩张到太平洋，向南几乎兼并了墨西哥一半的领土。

知识万花筒

北卡罗莱纳大学：一个由16所位于北卡罗莱纳州境内的大学组成的大学系统。北卡罗莱纳大学目前已发展成为一个庞大的系统，拥有16个校区、183000名在校生。北卡罗莱纳大学在理学、工学、农学、医学还有商学的研究方面都在美国处于领先水平。北卡罗莱纳大学系统和加州大学系统，被誉为全美最优秀的大学系统。

妙地流泪，整日愁容满面。有时候，波尔克也会觉得自己好像病得很重，可又对父母说，自己并不想把病治好。

波尔克的父母彻底急了。母亲尽可能陪伴在波尔克的身边，不管遇到什么事，母亲都会对波尔克说："孩子，不用怕，有妈妈在你身边！"并时常将波尔克拉到身边，亲切地抚慰他，她觉得这样会让波尔克感到，只要他勇敢地去做，母亲会在背后会支持他。

有一次，波尔克随母亲去小镇买一些农具。母亲要波尔克一个人去与卖镰刀的商贩讨论价格，并要求波尔克用尽量低的价格买下它。波尔克听了母亲的话，说："妈妈，我办不到，你瞧……我是这世界上最没用的人！"

母亲看着一脸愁容的波尔克，宽慰他说："孩子，你能办到的，你说你没用，那只是你自己这么认为而已，我和你爸爸都觉得你是一个很棒的孩子，你这么看低自己，会让我和你爸爸很伤心的！"

波尔克看了看母亲，嗫嚅地说："那……那好吧，妈妈，让我去试试。"

波尔克缓慢而怯懦地走到卖镰刀的商铺前，指着货架上的一把镰刀，轻声问道："请……问，这把镰刀多少钱？"

商铺老板看了一眼波尔克，回答说："小伙子，你是要镰刀啊，15美分！"

波尔克怯怯地说："10……10美分卖不卖……"

商铺老板哈哈一笑，说："小伙子，你是在开玩笑吧，10美分……我进货的价都不止呢，你不是想让我赔钱卖吧？！"

波尔克一看商铺老板这阵势，眼里差点儿滚出泪来，他低着头，一个劲地轻声喃喃道："我说过我不行的，我说过我不行的……"

这时，站在波尔克身后的母亲拿出20美分，对商铺老板做了一个暗示，商铺老板欣喜地点了点头，然后对波尔克说："小伙子，你真想要吗？真想要的话，10美分就给你了！"

波尔克抬起头来，疑惑地说："真的吗？我要！"

商铺老板微笑着对波尔克说："当然，小伙子。"说着，从货架上拿下那

把镰刀递给了波尔克。

波尔克接过镰刀，转身高兴地对母亲说："妈妈，他10美分就卖给我了！"

母亲微笑着夸赞道："好样的，孩子。我说过你能办到的！"然后将20美分偷偷地递给了商铺老板。

这一整天，波尔克都显得非常高兴，压抑的心情终于有了明显的好转。

紧接着，母亲时常带波尔克到各种社交场合，逐渐使波尔克增强了人际交往的信心，减轻了他那抑郁的情绪。她还给波尔克选择那些营养丰富、色香味俱佳、易消化的食物，以提高波尔克的食欲。

就这样，波尔克在母亲悉心的照料和教育下，逐渐恢复了自信，奇迹般地彻底战胜了抑郁症。他于1818年以最优异的成绩毕业于北卡罗莱纳大学。

最后，波尔克不仅成为美国历史上第一位"黑马"总统，而且他以最为卓著的政绩被誉为美国历史上最杰出、最成功的总统之一！

作为孩子，你千万不要以为自己能独立解决所有问题，甚至认为很多问题根本就是不值一提的，觉得自己很快就会度过所谓的困惑时期，并能从中吸取教训或把它忘掉。

而事实上，你所遇到的这些问题，会在你的心中越积越久，会像河沙一样越积越厚，到最后，很有可能会导致大问题的出现，甚至你可能会采取以暴力或意外的方式来进行发泄。所以，你对此必须加以重视。

孩子，你遭受精神创伤的原因可能是多种多样的，

抑郁症：抑郁症在医学上是一种常见的心境障碍，以显著而持久的心境低落为主要临床特征，且这种心境低落与其处境不相称。患抑郁症严重者可出现自杀念头和行为。多数病例有反复发作的倾向，但大多数可以缓解。

飓风：一般情况下，我们将大西洋和北太平洋地区最大风速达32.7米/秒、风力为12级以上的热带气旋称为飓风（Hurricane）。飓风中心有一个风眼，风眼愈小，破坏力愈大。飓风和台风都是指热带气旋，只是因发生的地域不同，才有了不同名称。生成于西北太平洋和我国南海的强烈热带气旋被称为"台风"；生成于大西洋、加勒比海以及北太平洋东部的则称"飓风"；

很难固定在某一个具体诱因上。有时，你可能会因为某一件事受到伤害，如目睹暴力或飓风、洪水、火灾、地震等自然因素夺走了家园、家人，或仅仅是因为你在医院多住了几天等。

虽然在这方面大多数孩子还是相对很少遇到，但是，心灵的创伤，却随时潜伏在你的周围，这必须引起你的足够重视。假如遇到了这种情况，你应及早在父母的陪同下去接受精神健康方面的心理治疗。

在大多数情况下，抑郁症是由一定的心理因素引起的，常见的有父母离异、亲人亡故或遭遗弃而与亲人分离，还有就是身体长期患有慢性疾病，学习长期受挫，或受到家庭困境的烦扰，诸如父母感情不和、经济困难等。

很多生活中的事件也有可能导致抑郁症的发生，如生活中的挫折所引起的

心境改变，或者持久的负面情绪——悲伤、失望、无助等，都会破坏你心理情绪的平衡。还有就是当你的自尊心受到伤害时，你也许会动摇对自己能力和品格的自信心，以致产生强烈的自卑感，总感觉自己不如别人等，这也能引发抑郁症。

不过，即使你表现出抑郁症状，也不必惊慌，只要你和父母对此给予足够的重视，并采取一些措施，如像波尔克和他母亲那样，接受一定的心理认知治疗，改变自己对现实、对自身不正确的认识，那么你受压抑的情绪也会渐渐地舒朗起来。

另外，要进行有针对性的社交适应性训练，也就是针对你的人际交往能力的缺陷及应付能力的不足，制订相关对策和弥补程序，使你通过模拟适应性训练，增强人际交往的信心，减轻自己悲伤和抑郁的情绪。

再有，就是要在父母的帮助下，接受有效的心理辅导，享受父母的关心和爱护，从而增强自己战胜抑郁症的信心。

同时，要尽量避免产生轻生的念头，及时注意自己异常的言谈和行为举止，当你无法走出“不想活了”的困境时，一定要告诉父母，让他们在给予你帮助的同时，对你进行密切的安全防护；当你产生少食或拒食的情绪时，要尽量接受父母的鼓励，多吃一些营养丰富、色香味俱佳、易消化的食物，以促进食欲。

只要做到及时发现，及时治疗和纠正，你就能很快摆脱抑郁症的阴影，为自己创造一个辉煌的未来！

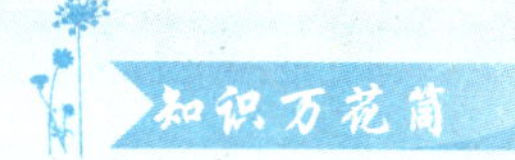

心理认知治疗：在心理学领域，心理认知治疗是以纠正和改变患者适应不良性认知为重点的一类心理治疗的总称。它以改变不良认知为主要目标，从而使患者产生情感及行为的变化，以促进患者心理障碍的消除。认知是指通过心理活动（如形成概念、知觉、判断或想象）来获取知识的心理过程。习惯上将认知与情感、意志等相对应。

阅读小感悟

作为孩子，你本身的一些性格特点，如依赖性、胆小怕事、多虑、趋于厌世等，都会成为滋生抑郁症的温床。

抑郁会使你远离快乐，所以，当你发现自己的情绪极端低落时，一定要极力抑制抑郁症产生的苗头，及早在父母的帮助下摆脱抑郁的阴影！

给男孩的建议

如何才能有效地强化心理承受能力和自我调控能力呢？你可以从以下几个方面进行尝试。

1. 多读一些有教育意义的书籍

你可以经常读一些富于教育意义的书籍，最好是那些浅显易懂的童话故事或者伟人传记。这些书籍不仅可以丰富你的知识，更重要的是，它能让你在潜移默化中学习一些做人的道理，增强你在生活中的自我调控能力。

2. 遭受挫折的时候多接受自己和他人的鼓励

当你考试成绩不好或者遇到其他挫折时，无谓地自责和消极地接受父母的指责，往往会收到相反的效果。最重要的是，要让自己尽快从负面情绪中走出来，此时接受自己和他人的鼓励不失为一个走出消极情绪的好办法。

3. 发怒时给自己“冷却”的时间

当你愤怒的时候，要尽量避免和父母起冲突，因为你和成年人一样，也需要一个冷静的过程。可等到你平静后，再尝试和父母交流。当然，最好的方法是心平气和地和父母沟通。

4. 适当地为自己“泼冷水”

一般情况下，当你面对荣誉和表扬时，往往会失去一定的情绪控制能力，这很容易导致你过度虚荣，沾沾自喜，得意忘形。这时候，要适时地为自己泼点冷水，不要被胜利冲昏头脑。

年 月 日

跟我来阅读

阅读主题12：改掉拖延的坏习惯

现在的社会特别需要有超强执行力的人。少为自己找借口，凡事积极行动，不拖延，这样才能使你在未来的竞争中立于不败之地，才能使你远离滋生拖延习惯的温床，并成为一个拥有辉煌未来的好少年！

第38天：拿破仑·波拿巴 不要为自己寻找任何借口

爱拖延的背后是人的惰性在作怪，而借口是对惰性的纵容！

清晨，你在睡梦中被闹钟惊醒，虽然知道该起床上学了，但又难舍温暖的被窝：一边是父母不断地在催促你起床，一边是你不断地在为自己寻找拖延时间的借口，于是你又躺了5分钟……

借口是拖延的温床，习惯性的拖延者通常也是制造借口与拖拉习惯的“专家”。拖延会使你无法兑现承诺，只想寻找各种各样的借口逃避。

知识万花筒

温床：温床本意是指有加温、保温设施的育苗床，主要供冬、春育苗使用。后在生活中也常用，引申为有利于坏人、坏事、负面思想滋长的环境。

在西点军校，有一个广为传颂的悠久传统，学员遇到军官问话时，只能有四种回答：

“报告长官，是！”

“报告长官，不是！”

“报告长官，不知道！”

“报告长官，没有任何借口！”

除此之外，他们不能多说一个字。

“没有任何借口”是西点军校200年来奉行的最重要的行为准则，是西点军校传授给每一位新学员的第一理念。它强化的是让每一位学员想尽办法去完成任务，而不是为完不成任务寻找借口，哪怕是看似合理的借口。秉承这一理念，无数西点毕业生在美国社会的各个领域都取得了许多非凡的成就！

你在做事情时，尽量不要为错误和失败寻找借口，因为它会让你暂时逃避困难和责任，以获得些许的心理慰藉而沾沾自喜。

你必须改变自己对借口的态度，把寻找借口的时间和精力用到努力学习中来。因为，你未来的工作不需要借口，人生不需要借口，失败不需要借口，成功不属于那些极力寻找借口的人！

拿破仑发动一场战争只需要两周的准备时间，换成别人则需要一年的时间。这中间之所以会有这样的差别，正是因为他那无与伦比的治军戒律——“没有任何借口”。

在法奥战争中，战败的奥地利人目瞪口呆之余，也不得不称赞这些跨越了冰天雪地的阿尔卑斯山的对手：“他们不是人，而是会飞行的动物！”

拿破仑在第一次远征意大利的行动中，只用了15天时间就打了6场胜战，缴获了21面军旗、55门大炮，俘虏15000人，并占领了皮德蒙德。在这次辉煌的胜利之后，一位奥地利将领愤愤地说：“这个年轻的指挥官对战争艺术简直一窍不通，用兵完全不合兵法，但他的士兵什么都能完成！”

拿破仑·波拿巴出生于科西嘉岛上的一个没落小贵族家庭。他是著名的军

事家和政治家，1804年建立了法兰西第一帝国。对他的一生产生决定性影响的正是他年少时母亲的那句“没有任何借口”。

12岁时的拿破仑，由于家境没落，贫穷的父母只得让他出去卖报，以贴补家用。他很勤奋，每天沿街叫卖，嗓门也响亮，可每天卖出的报纸并不是很多，而且还有减少的趋势。为此，拿破仑有些心灰意冷，觉得这一地区看报的人太少，而卖报的小孩又太多，根本就赚不到钱。他将这一想法告诉了母亲，并对母亲说了另谋生路的想法。

母亲看了看晒得黝黑的小拿破仑，问道：“你觉得卖报辛苦吗？”

拿破仑看了看母亲，低头答道：“有一点儿，妈妈！”然后又抬头补充道，“卖一份报纸所赚的钱实在是太少了。”

“你瞧，孩子！这才是你真正想放弃卖报的理由。”母亲和蔼地说，“卖报的孩子很多，说明看报的人也很多，否则就不可能养活那么多的报童。只是你没有认真地去想一想怎样才能卖出更多的报纸，而是找个借口就想放弃。生活没有任何借口可以给你重来，明白吗？”

拿破仑看着母亲，轻轻地回答说：“让我再试试，妈妈。”

这一次，拿破仑除了在街上叫卖以外，还每天坚持去一些固定的场所，一到那里就给大家分发报纸，并对他们说可以过一会儿再付钱。

西点军校：美国第一所军事学校，位于纽约州西点。西点军校号称“美国将军的摇篮”，许多美军名将如格兰特、罗伯特·李、艾森豪威尔、巴顿、麦克阿瑟等均是该校的毕业生。

美国内战时，约400名南北双方的将领是从西点军校毕业的。其中最有名的是统率北方军的尤利塞斯·格兰特将军和领导南方部队的罗伯特·李将军。这两位西点校友因各为其主而成为战场上的对手。

阅读小感悟

“没有任何借口”为拿破仑辉煌的未来给出了坚定的诠释。那么，你是不是也该为自己的未来而放弃寻找借口呢？

因为拿破仑意识到，在一个固定的区域，对于同一份报纸来说，客户是有限的，买了我的，就不会再买别人的。他先把报纸发出去，这些拿到报纸的人就肯定不会再去买别的报童的报纸了。他发得越多，别的报童卖得也就越少。而拿到报纸的那些人，也不会不付钱。

就这样，拿破仑跑的地方越来越多，报纸也就卖得越来越多。一天，他兴奋地跑去对母亲说："妈妈，我终于赚到钱了。没想到只要努力，没有什么事是办不成的！"

妈妈说："孩子，任何人在遇到困难的时候，都会自然地去寻找一些借口来使自己放弃面对困难的勇气。借口会给人带来消极、颓废，还会让人养成拖延的坏习惯。所以，孩子，在你以后的人生旅途中面对困难时，不要给自己任何推诿的借口，只有这样才能成功！明白吗？"

拿破仑点了点头，满怀自信地说："我记住了！妈妈。"

"没有任何借口"体现的是一种负责的精神，一种服从、诚实的态度，一种完美的执行能力。

年　月　日

第39天：理查德·尼克松

激励自己立即行动

立即行动，会改变你拖延的恶习；立即行动，是你成功的开始——而恰如其分的激励则会使你对立即行动充满信心！

行动意志的强弱，决定着你的人生结局！

美国第37任总统理查德·尼克松在上任伊始，所确定的第一个目标就是调停。由于城市中的骚乱和国外的战争，国家正处于令人苦恼的分歧状态。

确定目标以后，尼克松立即行动，采取一系列措施：在任期内，他成功地结束了越南战争，并改善了与苏联和中国的关系。

尼克松当选总统后骄傲地向世界宣布："我将把我的政府、我的精力和我的全部智慧，贡献给国与国之间的和平！"

尼克松1913年生于加利福尼亚州的约巴林达镇，在附近的惠蒂尔长大。他的双亲在惠蒂尔经营一个杂货店，并且是当地基督教教友会的信徒。他的父亲韦恩

知识万花筒

越南战争：越南战争有多种解释，包括法越战争、美越战争、越南内战等，一般情况下是指最著名的美越战争（1961～1973）。

美国在越南战争中失败（美国称之为"光荣的撤退"），越南人民军和越南南方民族解放阵线取得了最终胜利，并统一了越南全国。美国在越南战争中损失惨重：5.6万人丧生，30多万人受伤，耗资4000多亿美元。

是个苏格兰血统的爱尔兰人，他把美国独立战争时期的英雄——“疯狂的安东尼”韦恩列为他的祖先。韦恩也信奉他的妻子所信奉的教友会。尼克松在成长中所受到的家庭教育使他拥有一个不同寻常的未来。

尼克松十几岁的时候，他的父母就把杂货店的蔬菜分店交给他经营，让他攒钱，作为他的大学费用。尼克松在经营伊始制订了一系列计划，包括每天去洛杉矶购买农产品，因为那里的进价相对要便宜得多。然而，这样的话他必须每天4点钟就起床出发，才有可能在进货回来时赶上早晨的卖菜高峰。

父亲韦恩对尼克松的计划非常满意，并鼓励他好好干。然而，第二天早晨8点多了，尼克松才懒洋洋地起床，这时的他早将昨天的计划抛之脑后了。

父亲看了看尼克松的那副样子，就知道他并没有去洛杉矶，于是问：“理查德，你为什么没去进货？”

尼克松懒懒地答道：“今天不想去，就到附近的农贸市场先批发一些，明天再去。”

父亲正色道：“理查德，把握今天，你将拥有两倍的明天。不能因一时的贪睡而放弃你的计划，浪费今天的时间！”

尼克松说：“现在已经来不及了，明天我一定早起！”

“理查德，明天之后还会有一个明天到来。你今天就去洛杉矶，有了计划就必须立即行动，只有这样你才能成功，否则你将会一事无成！”父亲看了看一脸无奈的尼克松，“理查德，只要将你的计划付诸实施，爸爸就奖励你一辆新车，供你上学用，怎么样？”

尼克松眼睛一亮，忙问道：“真的？”

父亲点了点头，尼克松兴奋地说：“我现在就去洛杉矶！”

从此以后，尼克松都准时地在早晨4点起床，去洛杉矶购买农产品。渐渐地，他不但习惯于一天工作16个小时，而且一有计划便会马上付诸行动，并在之后的大部分时间里仍然坚持不懈。

“珍珠港事件”后，尼克松在华盛顿的物价署做了6个月的律师。这一段经

历使他对改进机关事务的效率一直很关切。后来，他被委派到海军服务。在南太平洋作战时，由于他行动迅速，荣获了两枚战斗勋章，受到两次表彰。1946年1月，在他完成任务前，晋升为海军少校。刚离开海军，他就立即以共和党人的身份在加利福尼亚州地区为进入国会而竞选，并且获胜。在华盛顿，这位国会议员由于计划执行得力，很快就赢得了声望。

1947年秋天，他作为“赫脱委员会”的一员访问了西欧。西欧的这些国家即将发生的经济崩溃使他大为震惊，于是他在返回美国后，就立即采取行动，力促“马歇尔计划”的通过。这项得到两党支持的计划，使得欧洲经济形势有了显著好转。

1950年，尼克松经过一场艰难的竞选，在票数大量超出对手的情况下获胜，进入参议院。作为一位参议员，他是雄辩的演说家，在全国共和党的无数次聚会上进行演讲，加强了共和党的统一，巩固了共和党的力量。他的声望使他在1952年赢得了副总统的提名，当时他年仅39岁。此时距他第一次庆祝他在政治上的成功（指成为国会议员）仅仅过了6年。

在担任副总统的8年时间里，尼克松针对每一项计划都立即付诸行动，使得这个传统意义上无关紧要的虚职变成了一个相当重要的职务。在艾森豪威尔总统因病无法视事时，他3次卓有成效地填补了总统的空缺。1959年，他迅速解决了持续116天之久的钢铁行业大罢工。

1969年，尼克松当选总统后不久，立即向国会建议实行广泛的改革。

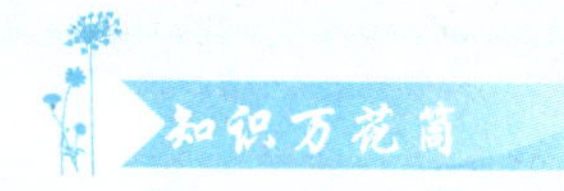

知识万花筒

珍珠港事件：是指由日本政府策划的一起偷袭美国军事基地的事件。1941年12月7日清晨，日本海军的航空母舰舰载飞机和微型潜艇突然袭击美国海军太平洋舰队在夏威夷基地珍珠港以及美国陆军和海军在欧胡岛上的飞机场，太平洋战争由此爆发。这次袭击最终将美国卷入第二次世界大战，它是继19世纪墨西哥战争后第一次另一个国家对美国领土的攻击。

阅读小感悟

那些找到最适合自己的位置的人，大多是能把目标锁定在一件事上，并且立即付诸行动的人。

1971年8月，尼克松采取了大胆的措施，制止了越南战争所造成的持续性的通货膨胀。他在美国国内控制工资和物价，并且为了阻止美元外流，降低了美元与外币的兑换率。后来国会还根据他的建议提高了黄金的价格。

1972年2月，尼克松总统采取了极不寻常的作法，冲破了几十年的障碍，谋求与中国改善关系。他访问了北京，与周恩来总理进行了磋商，并拜会了毛泽东。这次访问，用尼克松的话来说是“改变了世界的一周”。

尼克松总统这许许多多的成就，都是与他立即行动的工作作风是分不开的。

有的人在错过时机后总会说“我早就看到这事一定能成”，但无论你的眼光是否正确，都需要用行动来证明。

如果你觉得自己选择做某件事没错的话，就一定要激励自己不要放弃，并在不断的行动中证实你的这一判断是正确的。

你要放开自己的内心去追求真正的意愿，不要太在意这个意愿是否可行，因为这个意愿实现的可能性只存在于行动中。

年 月 日

第40天：吉米·卡特
认识什么是关键

只有当你真正认识到了什么才是生存的关键时，你才不会在人生的旅途中为一些无关紧要的事浪费宝贵的时间！

关键事物，对于绝大多数人来说都是似是而非的，对关键的判断也多是因直觉而产生的。那么，你如何才能认识到什么是关键事物呢？

在你的一生中，最重要的目标是什么？

你的人生有什么意义？

在你完成目标的过程中，什么是最重要的事？

你对生活有何要求？

你想怎样达到这些要求？

当你得出这些问题的答案后，就不难发现，原来你有那么多重要的事要去做，而这些事，就是你成功的关键。

无论做任何事，只要脑子里想着哪些事更加重要，那么你就抓住了关键。

人物博览馆

吉米·卡特：1924年生于佐治亚州，1974年任民主党全国委员会议员竞选委员会主席，1977～1980年任美国第39任总统。2002年10月11日，挪威诺贝尔委员会决定把该年度的诺贝尔和平奖授予卡特，以表彰他为促进世界和平所作出的努力。

他当政时期，实现了同中华人民共和国的关系正常化，中美两国正式建立了外交关系；把巴拿马运河的管理权交还给了巴拿马；推动中东实现了和谈。

如果你没有按着这个原则行动，就像在一块土地上撒下几粒种子以后不去浇水、施肥，什么都不管，只期待能获得丰收一样，这种劳作没有任何意义；只有当你平时对它悉心照料，你才能享受到丰收的快乐，因为你做了你该做的事情！

1977年1月20日，美国第39任总统吉米·卡特上任。

卡特是美国独立后第三个世纪的第一位总统。在就职演说中他宣称："我们知道'多些'未必就是'好些'：即使我们这个伟大的国家也有其公认的局限性，我们既不能回答所有的问题，也不能解决所有的问题……总体来说，我们必须为了共同利益，尽我们最大的努力把事情做好！"

吉米·卡特在他的就职演说中抓住了当时与美国人民息息相关的关键性问题——"使政府能胜任工作和富于同情心"。在人们批评总统的职位具有"帝王之尊"时，他着手恢复了朴实的作风。

卡特从他在佐治亚农场的儿童时代到担任州长，一直具有超人一等的决心和对关键问题的洞察力。

卡特很少用他的全名——小詹姆斯·厄尔·卡特。他于1924年生于佐治亚小城镇普兰斯附近。他的第一代美国祖先托马斯·卡特是1637年作为契约雇工来到弗吉尼亚州的。他的母亲莉莲·戈迪·卡特，是一位邮政局长的女儿。

种植花生、谈论政治和对浸礼会信仰的虔诚，这些对卡特的成长是有重要意义的。"大体上，我早年在农场的生活是内容充实的、愉快的，尽管闭塞但并不寂寞。"他写道，"我们一直不愁吃，经济不拮据，但也无钱糟踏。我们觉得同大自然很亲密，同我们家族成员很亲密，同上帝很亲密。"

童年时，他就懂得辛勤劳动，在田野或农场里干些杂活。5岁时，他开始在普兰斯大街上卖煮花生。虽然如此，他还是有时间和邻近农场的孩子（除几个白人孩子外，都是黑人）享受汤姆·索亚式的生活："我们在一起打猎、捕鱼、探险、睡觉。我们一起榨甘蔗，给骡子架犁，修剪西瓜藤，刨甘薯，给棉花喷农药，挖花生，劈木柴，抽水……把棉花运到轧棉厂去……但我们从不在

同一座教堂做礼拜，或在同一所学校上学。我们的社会生活和宗教生活是严格分开的……对这些不成文的戒规，大家都是严格遵守的。我从未听到有人对此表示过怀疑。起码当时是这样！”

这种对黑人的歧视，在小卡特的心中埋下了一颗种子。一天，他跑到母亲面前问道：“妈妈，为什么黑人小孩不可以和我们一起上同一所学校？”

母亲回答说：“孩子，问题的关键不在于此，这是长期以来遗留下来的对种族的歧视所造成的。”

卡特继续问道：“那我们怎样才能放弃种族歧视呢？”

母亲无奈地笑了笑，说：“孩子，这并非一个简单的问题，这需要很多人共同努力，才能使这种现状得以改变！”

卡特坚定地说：“妈妈，我愿意为这个而努力！”

母亲高兴地说：“孩子，你能这样认为，妈妈非常高兴。如果你愿意将这个作为你的人生目标的话，必须将‘反种族歧视’作为你人生目标的关键来对待，并做好为它奋斗终生的准备才行！”

卡特牢记着母亲的话，将“反种族歧视”作为他行事的起点和关键。成年后的卡特成为民政和宗教事业的一位领导人，并用他的影响来反对种族隔离制度。

在海军服役期间，他对种族问题有了新的见解。在普兰斯，他公开反对种族隔离制度。在地方商人中，唯独他拒绝加入“白种公民委员会”。数年后，他回忆说：“想起来就令人沮丧，有许多人长期以来竟抱着这

汤姆·索亚：汤姆·索亚是美国著名小说家马克·吐温所著的长篇小说《汤姆·索亚历险记》的主人公。小说描写的是以汤姆·索亚为首的一群孩子天真浪漫的生活，以欢快的笔调描写了少年儿童自由活泼的心灵。《汤姆·索亚历险记》以其浓厚的深具特色的幽默和对人物性格敏锐的观察，一跃成为最伟大的儿童文学作品，也是一首美国“黄金时代”的田园牧歌，该书的姊妹篇是《哈克贝利·费恩历险记》。

佐治亚州：佐治亚州（Georgia，简称GA）是美国东南部7州之一，又称南方帝国州（Empire State of The South）。为纪念英国国王乔治二世而得名，又称乔治亚州。北接田纳西州和北卡罗莱纳州，南邻佛罗里达州，东北与南卡罗莱纳州接壤，东南临大西洋，西毗亚拉巴马州，首府为亚特兰大。

样的观念，比如种族隔离制度。我们丝毫没有认识到，如果我们的关系转变为一种新的自由的关系，那该多好啊！”

1962年，当佐治亚州的参议院改组时，卡特进入政界的机会来了。在赢得了一个席位后，卡特对州里的重要问题了如指掌，并为自己的下一步——竞选州长做好了准备。在后来的竞选活动中，他显示了他的韧性，最终赢得了州长职位。

在新的年轻的南部州长中，卡特以强调政府效率、社会生态和消除种族隔阂而引人注目。他在就职演说中宣布——“种族歧视的时代一去不复返了”。他最有代表性的行动就是把马丁 · 路德 · 金的肖像挂在州议会大厦里。

1974年12月，卡特竞选总统，在电视上与福特总统进行了3次辩论。他以50.1%的普选票数赢得了一次票数十分接近的选举，他同福特的票数之比是297∶241。作为一名南方候选人，他赢得了除弗吉尼亚州外原南部联邦所有各州的选票。而且，他获得的决定性票数大都来自黑人选民。

卡特在他的人生奋斗目标中，一直将“反种族歧视”视作他为之奋斗的关键目标，这不但使他赢得了黑人的爱戴，也让他赢得了总统职位。

不管是在逆境中，还是在胜利的情况下，卡特似乎总是镇定、谦逊和自信。一次，有人问他：“作为总统，您愿意以什么样的形象留在人们的记忆里？”他回答说：“很明显，我愿意对和平和我们的民族作出贡献。我希望尽我所能减轻歧视、苦难，减少饥饿。我希望被看作一位把政府的事务管理得井井有条的人……”

在日常生活中，你千万不要让自己养成散漫的习惯，做事情要抓住关键，不要在细枝末节上浪费时间。另外，还要把自己的时间安排好，让生命中的每一天都过得有意义。

人物博览馆

马丁·路德·金：著名的美国民权运动领袖，1964年度诺贝尔和平奖获得者。他以1963年8月28日在林肯纪念堂前发表《我有一个梦想》的演说而闻名于世。

阅读小感悟

当你真正学会分清轻重缓急，而不是眉毛胡子一把抓时，你就已经懂得了“理清头绪、抓住关键”的重要性，而这正是成就你辉煌未来的可靠保障！

给男孩的建议

若想改掉拖延的坏习惯，可以试着从以下几个方面入手：

1. 先解决关键性的问题

当你面对一些错综复杂的事情时，你要仔细权衡一下，选择对你来说最重要的事。就像捕蛇一样，看起来蛇很可怕，但是只要抓住它的七寸，它就不再可怕了。做事情也是如此，只要解决了关键问题，那么其他问题也就不足为虑了。

2. 分清什么是重要的事

对于现代社会中的人来说，抓住有限的时间，去做对人生有意义的事情，是让生命发光、发热的捷径。你要注意选择重要的事而不是紧急的事，不要因为紧急的事而使自己忘了更重要的事情。记住，那些急需处理的事，不一定都是重要的事！

3. 充分利用时间

任何事物都有其重要的“点”，只要找出这个点，然后先解决这个点，那么效率就会提高。充分利用时间，关键是自我意识，有了良好的意识，你就会对事情进行有效抉择。这将带给你不可思议的效果，能改变你的生活。

4. 尽量不要被琐碎的东西干扰

在做一件重要的事情时，往往会有许多琐碎的小事干扰你，比如有小伙伴来找你玩。一般来说，这些事情总会占用你大量时间。这些事情都存在于你的生活中，而你要尽量避免受到它的干扰。

5. 循序渐进

你一定要通过深入思考，精心策划，选择一个目标，然后制订出实现目标的每一个步骤。这样你就会踏踏实实、一步一个脚印地去做。尽管实现目标要很长的时间，在这过程中你会遇到这样或那样的困难和挫折，但只要你不断地探索和追求，一定能叩开理想的大门。